REBUILD & RENEW

재건하라 그리고 갱신하라

A 12-STEP PROGRAM TO FIRE UP YOUR CHOIR

당신의 찬양대를 불붙게 할
12 단계 프로그램

패티 드래넌 지음 / 조성환 옮김

관련 상품 (별매)
부록. 발성을 위한 스케일들 (복제권 포함 - 구매자 한정)

www.jubilatemusic.com

www.joongangart.co.kr

목 차

들어가는 글 ·· 04

예배 인도자로서의 찬양대 ·· 06

재건하라, 모집하라, 그리고 젊어져라! ··· 09

어린이합창단: 미래의 생명줄 ·· 14

공동체로서의 찬양대 ··· 20

찬양대 리허설의 사전 준비 ·· 23

워밍업 (몸풀기): 발성과 몸 ·· 27

다운로드할 수 있는 자료 정보 ·· 30

효과적인 리허설	31
찬양대 경건의 시간	40
개인적 목양	56
추천 성경구절들	60
응답형 교독문	64
추천 음악 자료들	72
글쓴이 소개	78
옮긴이 소개	80

들어가는 글

때는 2020년 3월, 이 세상의 모든 음악세계는 마치 급브레이크를 밟은 듯 갑자기 멈춰서 버린 듯하였다. 코로나라는 무서운 바이러스가 가져올 영향이 어떠할지 아무도 확실히 모른 채 대부분의 교회와 사업장들은 의료 전문가의 확실한 분석이 발표될 때까지 문을 닫았다. 게다가, 노래하는 자와 악기 연주자의 비말은 6 피트(약 1.8m)라는 안전한 거리보다 더 멀리 이동할 가능성이 있다는 연구발표가 추가적으로 제기되자 수개월 동안 합창단과 찬양대는 모든 예배와 대규모 공연에서 연주하지 못했다. 이후 소수의 멤버들은 마스크를 쓰고 노래를 부르기 시작했고, 또한 예전에 비해 훨씬 더 작은 숫자의 그룹으로 활동하게 되었다. (미국에서는) 일반적으로 교회 찬양대원의 평균 연령이 60세 이상인 경우가 많았고 그 당시에는 백신 접종이 일반화되어 있지 않았기에 많은 대원들이 자신의 안전을 위해 집에서 지냈으며 특히 기저질환이 있는 사람들은 더더욱 그러했다. 그러자 재빠르게 온라인 예배를 가능하게 하는 창의적인 기술들이 고안되어 나오기 시작했으며 거기에는 당연히 음악도 포함되었다. 그것은 바로 음악은 결코 침묵할 수 없다는 간증이었다! 마틴 루터는 너무나 설득력 있게 다음과 같이 말했다.

"음악은 예언자들의 예술이며 영혼의 동요를 진정시킬 수 있는 유일한 예술입니다; 그것은 하나님이 우리에게 주신 가장 아름답고 즐거운 선물입니다."

찬양대가 예배에서 원래대로의 중요한 역할을 서서히 회복해감에도 불구하고 많은 대원들은 이런저런 이유로 찬양대로 돌아가는 것을 주저하고 있었다. 건강, 노화된 목소리, 온라인 예배의 편리함 등이 그 이유이다. 일반 회중 중에도 음악적 재능이 있는 사람들이 있을 터이지만 그들에게는 일, 아이들의 스케줄 혹은 그 외의 여러 일들이 찬양대원이 되는 것보다 더 우선 순위에 있었다.

자, 바로 지금이 찬양대의 재건과 갱신이 필요한 때입니다!

나는 이 책이 모든 음악사역자들에게 그들의 연습시간과 예배사역을 위한 실용적인 도구가 될 뿐 아니라 격려와 소망을 주기를 진심으로 원한다. 또한, 노래하는 자들을 다시 찬양대로 돌아오게 하든, 새로운 찬양대 대원을 모집하는 일이든 우리의 교회와 학교 그리고 지역 사회에서 음악과 예술에 활기를 불어넣을 수 있는 새로운 방법을 찾는 것이 우리의 사명일 것이다. 음악을 다시 살리자!

— 패티 드레넌

출판사는 이 출판물에 대한 소중한 의견을 보내주신 다음의 교회음악 지도자들께 감사드립니다: Don Blackley (Richardson, TX); Trent Blackley(Rockwall, TX); Steven Curtis 박사(Norman, OK); Billy Bob Dempsey(Tyler, TX); Mary Dickey 박사 (Edmond, OK); Diane Earle 박사(Dickson, TN덕슨); Robert Fasol (Oklahoma City, OK); Ian Gill (Richardson, TX) 및 Emily Drennan Lopez (Long Island City, NY).

1. 예배 인도자로서의 찬양대

합창은 AD 2세기 고대 그리스 시대때부터 예배의 필수적인 부분이었다. 합창이란 장르는 그리스의 연극, 그레고리오 성가, 오르가눔, 모테트와 미사에서부터 크게 발전되기 시작하였으며 그 후에 다양한 악기의 발명과 사용은 합창음악의 새로운 가능성을 열게 되었다. 21세기로 접어들면서도 합창단이 여전히 전례, 특송, 찬양대 찬양 및 축도송 등과 같이 예배에서의 중요한 역할을 계속해서 하고 있다는 사실은 너무나 기쁜 일이다. 예배 안에서 찬양대의 목적은 '연주'가 아니라 회중을 하나님께로 더 가까이 인도하는 것이고 노래하는 자들로 성령님과 더 깊은 관계 가운데로 들어가도록 이끄는 것이라 할 수 있다.

찬양대원의 역할은 공동체에게 힘을 실어줄 뿐 아니라 사역을 뒷받침하는데 그들의 은사를 사용하는 것이다. 이들은 노래하는 목소리만이 아니라 실생활속에서도 하나님께 감사를 드리는 예배자의 삶을 살 때 찬양대는 진정으로 성령충만한 예배가 되게 하는 강력한 수단이 될 것이다.

다음은 예배 안에서 찬양대가 할 수 있는 많은 역할들이다:

- 화음을 넣어 찬양함으로 하나님의 아름다움을 표현한다.
- 은혜로운 내용의 가사를 부름으로써 예배를 돕는다.
- 하나님의 넘치는 은혜에 대한 응답을 노래로써 표현함으로 예배를 돕는다.
- 회중으로 하여금 그들도 자신들의 목소리를 높여 찬양하도록 돕는다.
- 회중으로 조용한 묵상과 기도를 할 수 있도록 음악적인 분위기를 만든다.
- 음악가들로 그들의 믿음을 음악을 통하여 표현하도록 기회를 0제공한다.

- 예배사역에 참여하고 예배에 생기를 불어넣는다.
- 교회 소그룹 사역의 연장선으로 제자도와 친교를 제공한다.
- 회중에게 새로운 음악을 가르치는 교육의 역할을 한다.
- 일반적으로 찬양팀 규모보다는 찬양대가 숫자적으로 더 많기에 좀 더 많은 사람들에게 음악사역을 할 기회를 준다.
- 공동체뿐만 아니라 지역사회나 선교지에서 교회 사역의 도구로 봉사할 수 있다.

    교회음악에도 여러가지 스타일의 음악이 있기에 일반성도와 음악인들도 예배안에서 다양한 스타일의 음악을 즐기게 된다. 매주 예배를 기획할 때 각 교회마다 의전(예전)적인 필요를 따르면서도 다양한 음악적 표현을 제공하면 좋을 것이다. 예를 들어, 한 예배 안에 동시에 느린 템포의 찬송가들과 찬양대 찬양이 계속적으로 불러지도록 기획된다면 좀 지루할 수 있지 않을까? 마치 목사가 특정 주일에 너무 긴 설교를 할 때 느끼는 것처럼 말이다. 또한, 느리고 오래 끌어야 하는 찬양은 보통 부르기가 더 어려운 데다가 노래를 부르지 않은 몇 달 동안 호흡 훈련이 부족한 찬양대원에게는 더 어려울 수 있음을 기억하라. 대부분 교회 안에는 여러 세대가 있기에 학생이 찬양대나 어린이 찬양대가 한 달에 한 번 노래를 부르도록 일정을 잡든지 아니면 모든 연령대를 다 포함하는 특별한 찬양대를 세우게 되면 이 또한 다같이 주님이 주신 은사를 사용하는 기회가 될 것이다. 그렇게 할 경우, 젊은이들이 예배 드리는 모습을 보면서 일반 성도들은 새로운 은혜를 경험할 것이고 함께 찬양을 준비하는 과정은 새로운 찬양대원을 발굴해 내는 좋은 기회가 될 수도 있을 것이다. 또한 학생들이 예배 중에 대표기도나 성경 봉독하는 것을 지켜보면서 더 어린 학생이나 같은 또래의 친구들은 그들도 참여하고 싶다는 마음이 들게 될 수 있을 것이다.

찬양대의 합창이 잘 준비되어 연주될 때 느낄 수 있는 아름답게 짜여진 가사와 음악은 우리로 하여금 참된 영적 성찰을 하게하며 또한 목사의 설교와 연결점을 찾게 하여 더욱 온전한 예배를 드릴 수 있게 만든다.

"온 세상의 구석구석마다 모든 자들로 나의 하나님,
나의 왕이라 노래하게 하소서"
~ 죠지 헐버트

2. 재건하라, 모집하라, 그리고 젊어져라!

　이 장을 읽기 전에, 부디 이것을 먼저 믿어 주길 바란다. 합창단을 '재건' 한다는 것은 결코 어떤 특별한 방법으로 나이든 찬양대원들을 내어 쫓는 것을 의미하는 게 아닌가 염려하지 말라. 만약 그렇다면 이 나라(미국)의 많은 찬양대는 완전히 없어질 것이다. 앞서 언급한 바와 같이 오늘날 많은 성인 찬양대의 평균 연령이 65세 이상이기 때문이다. (물론 예외는 있다. 몰몬태버내클 합창단에 들어가려면 지원자는 25세에서 55세 사이여야 하고, 합창단 재직 기간은 최대 20년까지 아니면 60세 정년 중에서 먼저 해당되는 것에 따라 결정된다. 노래하고 싶은 사람들이 너무나 많아서 합창단이 대원들의 참여기간을 제한하는 연령 제한 규칙을 만들었다고 상상해 보라.) 역자주: 이단 몰몬 태너내클은 몰론교를 대표하는 합창단이다

　노령의 합창단이 존재하는 것에는 여러 가지 이유가 있을 수 있다. 노령의 찬양대원들은(만약에 자녀가 있다면) 그들의 자녀가 이미 다 성장했을 수 있기에 시간적 여유가 더 많을 것이다. 그들은 지난 수십년 동안 찬양대원으로 섬기며 동료 대원들 간의 교제와 우정, 동지애가 참으로 귀할 것이다. 그들 중엔 배우자를 잃고 오직 예배를 통해 자신의 은사들을 동료들과 나누며 함께하기를 고대하는 사람도 있다. 많은 찬양대에서 분명 젊은 대원들을 볼 수는 있지만, 그들의 직장 일정이나 자녀들의 교육 및 과외 활동 때문에 그들의 숫자가 적다는 것은 우리 모두가 아는 사실이다. 찬양대원을 늘리기 위해 뮤직디렉터 (찬양사역전문가, 혹은 음악감독)는 무엇을 해야 할까? 다음의 "역동적인 12가지" 아이디어들을 살펴보자.
(역자 주: 뮤직디렉터는 지휘자의 개념과 다르다. 지휘자는 주로 본인이 맡은 찬양대만 음악적으로 관할하는 역할이 대부분이고 뮤직디렉터는 교회 전

반에 음악을 전임이든 파트타임으로 책임지는 역할이다. 미국의 경우 성인 500명 이상의 교회에서는 대부분이 뮤직디렉터 위치를 가진 사역자가 있다)

1. 여러분의 교회 성도 가운데 고등학교 이상의 교인들에게 주의를 기울여라. 일종의 음악장기자랑 대회 같은 것을 열어 상품까지 준비해서 각 찬양대원들에게 주위에 있는 음악적 재능 있는 사람들을 초청하도록 하라. 가능하다면 음식을 나누고 친교의 기회도 포함시키면 좋을 것이다. 대부분의 젊은 부모들은 종종 자녀들을 돌보는 일에서 자유롭게 되어 자기들만의 시간을 갖는 것이 필요하기에 하루의 저녁을 자녀들로부터 떨어져 노래하면서 보낼 수 있다면 무척 좋아할 것이다. 대부분의 교회는 찬양대 주중 연습 시간에 돌보미 제도가 있는데 만약에 여러분의 교회가 그렇지 못하다면 젊은 부부들이 찬양 연습을 할 수 있도록 이 제도를 위한 재정을 마련해보면 어떨까? 단, 이러한 계획들을 기존의 찬양대원들에게 알리면서 혹이라도 나이든 대원들이 찬양대를 그만둬 주기를 원하는 것으로 오해하지 않도록 조심해야 한다.

2. 여러분의 찬양대원들에게 찬양대 모집을 돕도록 권유하되 교회 안 뿐만 아니라 교회 바깥에서도 초청하도록 한다.

3. 어머니 주일에 모든 남성들로 하여금 특별 찬양을 하도록 기획한다. 이들을 준비시키기 위해 몇 번에 걸쳐 찬양대 연습에 초청한다. 아버지 주일을 맞이할 때도 마찬가지로 여성들로 하여금 그 주일을 위한 특별한 찬양을 준비하게 하여 찬양대를 경험하게 한다. 소망하기는 이들에게 이와 같은 경험이 즐거워서 찬양대원이 되고 싶은 마음이 들기를 원한다.

4. 한 달에 한 번 또는 6주에 한 번씩 찬양대와 찬양팀(교회에 있는 경우)이 함께 연주하는 시간을 보내라. 이것은 젊은이들이 나중에 그들이 어렸을 때 합창단에서 노래했던 시간을 떠올리게 할 수 있다. 그들 중에는 초등학교부터 시작해서 대학합창단까지 열정적이고 활동적으로 참여하였다가 이제는 더 이상 이 활동을 하지 않는 경우가 많다. 원하기는 이 아이디어가 음악적으로 활동을 멈춘 일부 회중에게 찬양대로 다시 합류할 기회가 되었으면 한다.

5. 고등부 중창단을 만들어서 예배 때 찬양할 수 있도록 연습까지 시켜주는 방법이다. 그들이 당장 찬양대로 들어오지는 않더라도 이 경험을 기억할 것이고 또 찬양대가 그들에게 관심이 있다는 것을 알게 하는 그 자체가 이미 전쟁의 반을 치룬 것과 다름이 없을 것이다.

6. 특별한 교회 행사 때는 어린이들에게 청소년 및 "큰 찬양대"와 함께 부를 수 있는 노래를 가르쳐보라. 이것은 이 아이들에게 여러 세대가 함께 음악으로 믿음의 표현을 하는 놀라운 경험을 하게 하며 이것을 보는 회중 또한 또 다른 감동을 받게 될 것이다.

7. 만약에 여러분의 교회가 대학가에 위치해 있다면 찬양대의 독창자를 보강하기 위해 대학에서 음악을 전공하는 학생들을 위한 장학 제도 마련을 고려해보라. 이것은 여러가지 필요를 채워준다. 우선, 음악 전공생들은 학위를 취득하는 동안 예배할 교회를 찾게 되니 좋을 것이다. 또한 찬양대는 주일 아침에 찬양대원들이 아프거나 혹은 무슨 일로 결석하여 음악적으로 부족할 수 있을 때 성악 전공자들 한, 두 명만 있어도 확실한 소리를

보장받게 된다. 이들은 때때로 헌금송이나 특별한 찬양을 연주하는 독창자로서 섬길 수 있다. 기존의 찬양대원들은 젊은 음악 전공생들과 교류하는 기쁨을 누리며, 특히 가족과 떨어져 지내는 유학생의 경우에는 종종 식사 초대하거나 다른 여러 방법의 격려와 후원도 가능할 것이다. 그리고 여러분의 교회 음악 예산에 장학금 제도가 없더라도 교회 안에서 음악 후원자들을 모집하여 공개적으로 (역자주: 미국에서는 보통 가족이나 돌아가신 분을 추모하거나 기억하기 위해) 장학금을 지원하도록 격려하는 방법도 가능하다. 창의력을 발휘해 보라!

8. 특별한 음악 행사가 있을 때는 교회의 SNS를 통해 일반사람들과 성도들에게 알리고 홍보하라. 찬양대원들로 하여금 자신의 교회 친구뿐 아니라 교회 밖의 지인들도 초대하도록 권유하라. 이런 개인적인 초대야말로 실제 연주회에 많은 사람을 오게 만드는 가장 중요한 요소이다.

9. 예배 중에도 누가 좋은 소리를 갖고 있는지 귀 기울여 들어보라. 회중에도 찬양대원이 될 만한 잠재력을 가진 아름다운 목소리의 소유자가 있을 것이다. 혹시 발견하게 되면 적당한 때를 보아 그들과 대화를 나누고 찬양대에 들어올 것을 권유해 보자.

10. 찬양대 임원들과 협력하여, 성도로 등록되지 않은 사람들도 참여할 수 있는 교회 내의 행사, 예를 들면 여름성경학교, 찬양대 여름 캠프, 가족생활센터 일일 캠프 등의 기타 특별 행사 기간 동안 여러 연령대의 자녀가 있는 새로운 가족들을 만나는 일을 시도해보라. 많은 학부모들이 방학 중에 있는 자녀들을 위해 교회 프로그램을 찾아다니지만 정작 자신들은 교회와 연결되지 않는 경우가 많다. 캠프가 끝난 후 그들이 예배에 참석하도

록 격려할 수 있는 연결고리가 되어보라.

11. 페이스북이나 교회 홈페이지 등에서 교회 자원 봉사자와 찬양대원들을 소개하는 것도 좋은 방법이다. 만약 최근에 배우자를 잃은 성도가 있다면 그에게 다가가 찬양대에서 찬양하면서 받게 되는 은혜와 찬양대 공동체로부터 받는 격려가 얼마나 큰 것인지 나누는 것도 좋을 것이다.

12. 찬양대에 대한 감사의 표현이나 실재적 후원은 너무도 중요하다. 미국의 어떤 교회들은 찬양팀이 앞에 서고 그 뒤에 찬양대가 서서 찬양팀 찬양을 도와주는 경우가 있다. 이 때 뒤에 선 찬양대는 앞에 서서 마이크까지 사용하는 찬양팀의 독창자들을 위한 "백그라운드 보컬(또는 BGV)" 이상의 역할을 하는 것이 대단히 중요하다. 그렇지 않으면 찬양대의 중요성이 줄어들 뿐 아니라, 이들에게는 모욕적으로 느껴질 수도 있기 때문이다. 이들을 더욱 비참하게 만드는 경우는 찬양대에게 전문적인 목소리가 이미 녹음되어 있는 데모 트랙을 따라 부르도록 요청하는 일이다. 곡이 음악적으로 너무 어려워서 찬양대의 목소리가 들리지 않거나 자신 있게 부를 수 없다면 다른 곡으로 바꾸는 것이 현명할 것이다.

> "만약에 세상이 화음의 능력을 느낄 수 있다면…"
> ~ 볼프강 아마데우스 모짜르트

3. 어린이합창단: 미래의 생명줄

나는 미 전역의 출판사들이 새로 출판한 찬양곡집을 초견으로 읽어보는 모임(Reading Session)을 인도할 때마다 참석한 사람들이 섬기는 교회에 대해 항상 물어본다. 찬양대와 오르간으로 연주하는 전통적 예배를 드리는지, 현대적 형식으로 드리는지 아니면 전통과 현대를 잘 조합한 예배(blended worship)를 드리는지를 묻고, 주일학교 찬양대와 중/고등부 찬양대에 관해서 묻는다. 그러면 보통은 어린이들이 참여할 수 있는 음악 단체가 없다는 부정적인 반응이 대부분이고 많은 사람들이 그런 프로그램 자체가 자신들의 교회에는 없다고 답을 한다. 주일 학교에서 다같이 부르는 찬양은 있지만 따로 시간을 떼어 찬양대에 참여하지는 않는다고 한다. 이런 상황들이 현실이라면 우리 청소년 및 어른 찬양대의 미래는 얼마나 안타까운 일일까? 합창음악이 아이들로부터 시작하여 어른 찬양대의 기반을 구축하고 다시 재건의 과정을 거치는 이러한 방법 말고도 계속해서 번창할 수 있는 다른 길이 있을까? 주일학교 담당 사역자와 밀접하게 연결하여 함께 노래도 하고, 악기도 연주하며 피아노를 칠 줄 아는 어린 학생들에게는 헌금송을 연주할 기회를 마련하고, 재미있고 매력적인 뮤지컬을 함께 준비하는 등 다양한 방법을 연구하여 함께 일함으로써 우리는 예배를 위한 미래의 음악을 준비할 수 있을 것이다. 아이들은 공연과 연기를 할 기회가 주어지면 거기에 매료되어 연주 활동을 하면서 많은 성장을 하게 된다. 마음만 먹으면 얼마든지 다양한 어린이용 뮤지컬을 대여할 수 있다. 이런 뮤지컬들은 노래가 재미있을 뿐만 아니라 영적인 메시지와 성경적 내용을 담고 있어 아이들에게 유익하니 이야말로 일거양득이 아닐 수 없다. 게다가, 우리 아이가 극에 출연이라도 하게 되면 온 가족 즉, 형제 자매, 부모, 조부모, 친구들까지 총출동한다. 관객으로 가득 찬 교회당은 교회와 음악사역을 일반인들에게 알리고 광고하기에 완벽한 자리가 되어버린다. 이제는 생중계(live streaming)로 어디든 내보낼 수 있으므로 더 많은 청중에게 다가갈 수 있게 되었다.

이미 꽉 차버린 교회일정에도 불구하고 우리 찬양대원들에게 어린이들의 음악발전을 위해 노력하도록 권장해야 하는 이유는 무엇일까?

1. 찬양대에서 찬양하는 것이 자신의 재능으로 다른 이들을 섬길 수 있는 일이란 것을 아이들로 하여금 배우게 한다.

2. 마치 우리가 어릴 적에 영어 알파벳을 노래로 배웠듯이 어린이들은 찬양대에서 찬양으로 성경을 배울 수 있다.

3. 찬양대는 어린이들에게 이전에 경험해 보지 못했을 수도 있는 음악과 가사를 가르쳐준다.

4. 높은 수준의 음악을 노래하면서 올바른 신학을 아이들에게 전수할 수 있다.

5. 찬양대에 참여함으로 사회생활을 경험하게 하고 듣기만 하는 일반적 문화로부터 직접 노래하는 문화로 대체해 준다.

6. 노래하는 것은 아이들의 정신적, 육체적 건강에도 도움이 된다. 노래하는 동안 뇌에서 옥시토신과 엔돌핀이 분비되어 불안감을 줄여주기 때문이다.

7. 노래하는 것은 소속감과 강한 공동체 정신을 만들어내며 감정을 표현

하는 방법을 알게 해 준다.

8. 아이들이 어릴 적부터 악보를 읽는 훈련을 서서히 하게 되면서 새로운 기술을 익히게 된다.

9. 합창은 예술뿐 아니라 훈련의 정신도 가르친다.

10. 어릴 적부터 음악활동에 참여하는 사람이 어른이 되어서도 교회에 남아 섬기는 경우가 많다.

11. 어릴 적부터 노래와 가사를 외우는 훈련은 지적 발달을 돕는다.

12. 사람들 앞에서 연주하는 일은 아이의 자신감과 자존감을 높이는데 큰 도움이 된다.

13. 노래를 한다는 것은 멜로디, 리듬, 호흡, 가사 및 발성에 동시에 집중해야 가능한 일이기에 자연적으로 집중력을 발달시키게 된다. 이것은 순간순간의 자신의 삶에 충실하게 하며 스트레스를 줄이는 데 큰 도움이 될 수 있다.

14. 각 교회는 다음 세대를 예배자로, 더 나아가 예배 인도자로 키워내도록 도와주어야 할 책임이 있다. 아이들은 가르침을 받은 대로 배우는 법이다. (주일학교 공과 내용이 기억나지 않을 수는 있지만 노래로 배운 성경 이야기는 잊히지 않을 것이다.)

대부분의 교회가 예전과 같이 교육부의 각 부서마다 찬양대를 가질 수는 없어도 아이들의 발달 수준이 거의 비슷한 연령의 학년을 결합하여 찬양대를 만드는 것은 여전히 가능할 것이다. 예를 들면, 유치부부터 1학년까지, 2학년과 3학년, 4학년과 5학년 학생들은 각 찬양대 안에서 나이가 많은 형, 누나들을 리더로 세워 함께 협력한다면 무리 없이 해 나갈 수 있을 것이다. 또한 6학년은 중학생들과 한 그룹으로 묶을 수 있다. (역자 주. 미국에서는 중학교를 6학년에서 8학년까지로, 고등학교를 9학년에서 12학년으로 본다) 9학년부터 12학년까지의 그룹에는 예배를 위해서 악기를 연주하는 학생들이 있을 수도 있고 또 중창단원으로도 참여할 수 있을 것이다. 물론 이런 시도는 교회의 규모와 교육부서의 인원 상황에 따라 다를 수 있다. (교육부의 학생 숫자가 적은 경우 중학교와 고등학교를 연합해서 할 수도 있다.)

내가 발견한 바, 찬양대원이 되도록 학생들의 관심과 책임감을 불러일으킬 만한 가장 좋은 방법은 그들이 재미있어 할 만한 것들에 마음을 열어놓는 것이다. 내가 이야기를 나눈 한 뮤직디렉터는 우쿨렐레 찬양팀을 만들어 그들에게 찬양을 가르쳐서 예배 반주를 하도록 했다고 한다. 이 분은 또한 "비틀즈의 음악(Music of the Beatles)"이란 뮤지컬을 교육부와 청소년 부서가 함께 준비하도록 기획하였다. 그는 교회 성도들 중 자원 봉사자들을 모집하여 이 뮤지컬 안에서 아이들이 타고 노래해야 하는 "노란 잠수함 (Yellow Submarine)"을 포함하여 무대의상과 무대세트를 만드는 것을 돕도록 하였다. 어떤 사람들은 이 뮤지컬이 성경적이 아닌 세속적이란 것에 의문을 제기할 수 있다. 그러나 우리는 어찌하든 함께 노력하여 음악을 만드는 것이 얼마나 신나는 일이며 이들로 하여금 노래하고 함께 합창을 하고 싶은 마음이 끓어오르게 해야 한다고 생각한다. 이러한 종류의 음악을 교회에서 연주하게 되면 일반적으로 교회란 곳은 너무 고루하다고 생각할 수 있는 불신자들을 자석과 같이 끌어당길 수도 있을 것이다. 또한 일단 아이들이 이런 연주를 통하여 주인 의식을 갖게 되면, 다른 친구들과의 진한 동료애를 갖게 되고, 뮤직디렉터를 대할 때에도 훨씬 편안한 마음을 갖게 된다. 이들은 자연스럽게 세속음악이나 성가 등 어떤 유형의 음악을 연주하는데 열린 마음을 갖게 될 것이다. 우리는 일단 그들이 "(교회)문 안으로" 발을 디디도록 해야 한다. 또 하나, 어린이와 청소년에게 정말 잘 먹히는 방법이 있다. 이는 바로 먹이는 일, 음식이다. 주일 예배 후, 찬양대 리허설을 하기 전에 점심으로 피자를 준다고 해 보라. 아마도 운동부 학생들의 연습 출석률보다 찬양대 출석률이 더 높아질지도 모른다. 찬양대에 친구들을 인도해 오는 학생들에게 상품을 주는 것도 하나의 방법일 수 있다. (나의 찬양대 사역 초창기 때의 일인데, 찬양대 모금행사에서 최고의 판매자에게 내린 상이 휘핑 크림을 잔뜩 얹은 파이를 내 얼굴에 얹는 것이었다!) 음악을 만들기를 좋아하고 함께 모여 즐거운 시간을 보내는 사람들의 그룹에 가입하고 싶지 않은 사람이 누가 있겠는가?

　주일학교 아이들부터 청소년들에게 이르기까지 이들로 예배에서 노래하도록 기획하는 것은 그들의 영적 성장뿐만 아니라 이를 보는 회중의 감동을 일으키는 데 매우 효과적이다. 만약 여러분의 교회가 한 종류의 예배만을 드리는 게 아니라면, 각 예배의 성격에 따라 이러한 순서를 넣도록 기획해보라. 아이들에게 라틴어나 스페인어, 가스펠, CCM, 찬송가 등 다양한 스타일의 노래를 가르쳐 많은 경험을 할 수 있도록 해보라. 우리 교회의 경우에는 예배음악, 독창, 성경봉독, 기도, 심지어 설교까지 모든 순서가 학생들의 주관 하에 드려지는 예배도 있다. 아무리 어린 아이라도 찬양으로 하나님을 섬기고자 하는 그 마음을 드릴 수 있을 것이다!
순회공연 중인 합창단을 찾아 교회로 초대하여 초청 연주회를 열어 보라. 성도들과 찬양대를 격려하여 이들의 연주회에 오도록 힘을 쓰고 민박 주선, 예배 후 점심 제공, 음반 구입 그리고 개인적으로라도 그 합창단 단원들을 만나게 되면 반갑게 인사하도록 교육하라. 자기의 또래들이 연주하는 것을 들으면 젊은 청소년들에게 큰 동기부여가 될 것이다.

우리 찬양대는 우리 지역을 벗어난 교외활동으로 다른 교회들과 양로원들을 방문하여 연주회를 열어주고 또한 교도소 사역의 일환으로 뮤지컬도 공연하였다. 이것을 2년에 한 번씩 하도록 기획을 했고 이를 위한 리허설 참석과 기금모금에 관하여는 상당히 엄격한 기준을 세웠다. 이 행사는 많은 학생들이 큰 기대를 갖고 기다리는 활동이었기에 여기에 참여할 사람의 자격 기준을 엄격하게 지키고자 노력하였다.

어린이와 청소년 앙상블이 발전하고 성장하기 위해서는 뮤직디렉터 (혹은 찬양전문사역자, 지휘자)의 역량이 참으로 중요하다. 즉, 아이들과의 관계도 잘 가질 줄 알아야 하고 진정성이 있어야 하며 찬양 연습은 처지지 않게 효과적으로 진행시킬 줄 알아야 한다. (나처럼 28년 동안 고등학교 합창단을 가르쳐 본 사람이라면 연습시간이 조금이라도 지루해질 때 어떤 일이 일어날지 잘 알 것이다!) 물론, 찬양대가 성장하고 발전하려면 시간이 좀 걸릴 수 있을 것이다, 그러나 우리 어른 찬양대가 앞으로 몇 년 동안 예배에서 고무적인 중요 역할을 하게 되기를 원한다면 반드시 아이들과 청소년들로 하여금 영적 성장과 더불어 예술을 경험하도록 힘써야 할 것이다.

> "음악은 영혼의 분출입니다."
> *프레드릭 디리우스*

4. 공동체로서의 찬양대

　음악 단체들은 스포츠 팀과 같다; 그들은 공동의 목표를 달성하기 위해 함께 노력하고 긴밀하게 협력한다. 그들은 서로에게 또 다른 가족처럼 예배 시간뿐 아니라 개인적인 축하와 슬픔의 시간에도 함께 한다. 이와 같이 공동체로서의 단합을 유지하는데 도움이 될 한 가지 아이디어는 각 단원들의 개인 정보인 이메일 주소, 휴대폰 번호 및 생일 목록을 만드는 것이다. 이 목록은 각 사람이 처음 찬양대에 입단할 때 작성하는 등록카드에 기입하도록 하여 만들 수 있다. 그리고 솔로 혹은 중창팀에 관심이 있는 사람들을 위한 칸을 등록카드에 첨가하는 것도 좋다. 축하할 일이나 개인적인 문제가 발생할 때 전화나 카드로 위로하고 격려하는 일은 참으로 중요하다. 이런 따뜻한 배려들은 이들 마음속에 오랫동안 남을 것이다. 그리고 연습이 끝나는 마지막 시간 즈음에 월별로 생일 파티를 열어 그 달에 생일을 맞은 대원들을 축하하는 것도 좋은 아이디어이다. 여기에 달콤한 간식까지 곁들인다면 교제의 시간으로 완벽하지 않을까?

　우리의 매주 발간되는 찬양대 뉴스레터 "은혜의 노트"에는 앞으로 할 찬양곡들과 그 날짜, 월별 생일자, 기도 요청, 음악에 관한 재밌는 이야기 및 기타 등등에 대한 정보가 포함되어 있다. 주중 연습과 주일 아침에는 파트장이 출석 체크를 한다. 찬양대 연습실 출입구 근처에는 앞으로 결석하게 될 경우 미리 서명할 수 있는 출석표를 배치한다. (어느 수요저녁 연습시간, 돌아오는 주일에 부를 무반주곡 찬양곡을 연습할 때 들었던 그 소리는 너무도 영화로웠다. 그리곤 주일이 왔다… 테너가 단 한 명도 나타나지 않았고 물론 그들 중 아무도 그 전에 미리 결석할 것이란 예고도 하지 않았다. 마침 베이스 대원 중 한 사람이 밴드 디렉터서 그에게 부탁하여 본당으로 들어가기 바로

20분 전에 밴드로 테너 파트를 연주하도록 준비했다(아이고). 내가 예전 고등학교 합창단 지휘자였다면 결석한 이 대원들의 점수를 확 깎아버렸을 텐데… 우리 교회는 대학들이 많은 도시에 있었기에 실제로 교회 출석보다 우선시되는 심야 야구 경기들이 많이 열리는 곳이었다. 이런 일이 발생하게 되면 나는 주일 찬양곡을 다시 정해야 하곤 하였다.

뮤직디렉터가 연주하고 싶은 찬양들은 많으나 자신의 찬양대의 규모로 인한 여러 가지 이유로 할 수 없는 경우가 있다. 이런 경우에 한 가지 아이디어는 미국독립기념일 등 특별행사를 기획할 때 연주하는 곡들의 작곡가를 초청한다든지 혹은 다른 교회 찬양대와 함께 연합으로 연주하는 것이다. 연합찬양대로 준비할 경우, 비용을 분할하여 예산을 충당하면 큰 행사도 덜 부담스럽게 감당할 수 있을 것이다. 이러한 연합은 같은 교단끼리 시도하는 경우 더 수월하게 이루어질 수 있다. 다른 찬양대와 함께 연합하여 연주하게 되면 서로에게서 배울 수 있는 기회를 갖게 될 것이다. 우리 찬양대의 경우, "흑인영가 축제" 등에도 참여하고, 우리 도시의 공원에서 "베트남 참전 용사"를 위한 발표회도 하고, 이웃 교회와 함께 찬양대 공연에 참여할 기회도 만들었다. 이 때 유명한 작곡가이며 친구인 조셉 마틴을 초대하였고 그 행사는 우리 도시에 사는 사람들에게 큰 사랑을 받은 "독립기념일 축하" 연주회가 되었다. 또한 어느 해이던가, 7월 4일 노르망디 해변과 루체른 국립묘지에서 열렸던 대규모 합창대에서 노래하기 위해 우리의 많은 합창단원들이 등록하였다. 하얀 십자가들이 넘실대는 듯한 바다를 향하여 노래하며 비록 박수 소리가 들리진 않아도 "당신들(순직한 애국용사들)의 헌신에 감사합니다"라고 말할 수 있는 기회를 가졌던 것보다 더 우리를 겸허하게 하는 것은 없었다. 이렇게 함께 참여하고 음악을 만들 수 있는 기회가 점점 더 많아지면 두고두고 기억에 남을 이벤트가 될 수 있다.

공동체로서의 찬양대를 섬기는 뮤직디렉터라면 예배 드림에 있어 단순히 음악 준비만이 아닌 영혼을 감동시키고 영향을 주는 또 다른 역할을 하게 된다. 하나님은 당신이 창조하신 모든 것들이 온전하기를 의도하셨고, 우리 삶의 모든 면에서도 온전함을 구현하기 원하시며 당연히 음악과 예배에도 충실히 그것이 이루어지길 원하신다. 예배를 기획하는 일, 모두 가르치는 일과 연습 시간들, 심지어 위기 상황에 대처하는 방식들은 우리의 예배와 영적 성장을 가져올 수도 있지만 때로는 오히려 저해하는 요소로 작용할 수도 있다. 음악적이면서 의전적인 요소가 함께 어우러져 하나님의 창조의 광활함을 표현할 때 우리 자신이 얼마나 작은 존재인지를 경험하게 된다. 우리는 가끔 어떤 최정상급의 뭔가를 느낄 때 더욱 큰 감동을 받으며 예배 가운데 더 깊이 들어가는 경험을 하게 된다. 우리 음악가들에게는 음악의 아름다움과 영적인 것을 융화시켜 하나님을 향한 경외감을 불러 일으키게 할 수 있는 능력이 있다. 뮤직디렉터의 임무 중 하나는 불신자는 물론이고 아주 신실한 기독교인들로 하여금 믿음의 확신을 갖게하고 다시금 더 새로워질 수 있도록 돕는 일이다. 잘 알려진 전통적인 교회음악으로부터 잘 작곡된 새로운 현대적인 찬양에 이르기까지 훌륭한 곡의 선택은 성도만이 아니라 믿지 않는 분들에게도 큰 은혜를 끼치게 한다. 부디 악보들을 연구하며 당신의 레퍼토리를 다양하게 넓히는 것을 두려워하지 마시길...

> "인간의 목소리는 가장 오래된 악기이며 오랜 세월이 지나는 동안에도 이 사실은 변치 않고 여전하다. 가장 원시적이면서도 동시에 가장 현대적일 수 있는 이유는 이것이 인간 표현의 가장 친밀한 형태이기 때문이다."
> ~ 랄프 본 윌리엄스

5. 찬양대 리허설 사전 준비

　뮤직디렉터는 매주 있는 찬양대 연습을 준비할 때 단순히 찬양대의 "현상유지"를 위한 것이 되지 않도록 구체적인 계획을 미리 세워야 한다. 어떤 지휘자들은 일년 전체를 기획하기도 하지만 또 어떤 뮤직디렉터들은 한 번에 한 달씩을 계획한다. 잘 짜여진 계획표는 목사, 스텝 및 음악사역자들로 질 높은 소통의 시간을 가질 수 있게 한다. 좋은 곡들을 선택하는 일에는 참으로 신중한 주의를 기울여야 하되 곡에 따라 필요한 연습 횟수, 또 찬양대원들의 음악적 수준 등을 고려하여 곡 선택을 해야 할 것이다. 매주 다른 성가를 부르는 찬양대는 주중 연습 외에도 추가 연습이 필요할 수 있다. 유튜브나 작곡자들의 웹사이트 등의 온라인을 잘 이용한다면 연주할 곡의 음악 연습에 크나큰 도움을 받을 수 있을 것이다. 만약에 찬양대원이 악보를 집으로 가져가서 개별적으로 파트연습을 해온다면, 그들은 해당 주일에 연주할 그 곡에 훨씬 더 익숙해 질것이다. 찬양대원들이 주일아침 당일에 연주할 곡이 충분히 준비되지 않아 자신이 없을 때 끼쳐질 예배의 부정적인 영향은 참으로 크고 이런 날은 찬양대가 오히려 에배에 방해가 될 수도 있을 것이다. 조잡한 연주나 수준에 못 미치는 결과에 대해선 그 누구도 보증서고 싶어하지 않을 것이다. 우리는 우리가 할 수 있는 최선의 결과를 위해 함께 노력해야 한다. 왜냐하면 우리가 준비하는 음악은 전능하신 하나님을 위한 것이기 때문이다. 효과적인 연습시간이 되게 하기 위해서는 음악에 있어서 어느 부분이 우선적으로 연습되어야 하는지 지휘자가 정해야 한다; 즉, 리듬, 음정, 화음 그리고 소리의 질이다. 좋은 뮤직디렉터라면 지금 부르고 있는 이 곡이 다음 주일 예배 때까지 잘 익혀져 편안하게 무리 없이 잘 부를 수 있을지 아니면 더 준비될 때까지 시간이 더 필요할 지를 분별할 수 있을 것이다. 찬양대원이든 스포츠 팀의 선수 든 나쁜 결과에 함께 참여하고 싶어하는 사람은 아무도 없을 것이다. 예배 중 찬양대 찬양이 엉망이 될 가능성이 높은 상황에서 찬양대원들이 자신감을 갖는다는 것은 힘든 일이다.

음악 출판사는 자신들의 웹사이트에 합창 읽기 세션 및 음악 구독 서비스를 통해 새로운 음악과 기존 음악 모두를 매우 쉽게 들을 수 있도록 해 놓았다. 뮤직디렉터는 컴퓨터에서 고품질 데모 공연도 보고 여러 음악들을 감상할 수 있다. (각 지휘자들은 자신의 찬양대가 이 녹음 세션에서 노래하는 전문합창단과 같은 소리가 나오지 않을 수도 있다는 것을 알고 있어야 한다.) 뮤직디렉터는 자신이 맡은 찬양대의 음악적 수준과 대원의 음악적 재능에 잘 맞는 양질의 음악을 찾아야 한다. 대부분의 찬양대는 악보도 잘 못 읽는 대원서부터 노련하고 학위를 취득한 전문 음악가에 이르기까지 다양한 음악적 능력을 가진 대원들로 구성되어 있다. 찬양대 대원 개개인을 더 성장시킬 수 있는 음악을 선택하는 것이 무척이나 중요할 것이다. 우리 모두는 우리의 찬양대가 음악적 실력도 높아질 뿐 아니라 동시에 더 나은 예배자가 되기를 간절히 원하기 때문이다.

뮤직디렉터는 자신이 이미 갖고 있던 레파토리의 확장에 항상 마음을 써야 한다. 무반주음악, 흑인영가, 코랄 찬송가, CCM이나 색다른 스타일의 현대곡 등을 찬양으로 올려드릴 때 다양하고 예상치 못한 연주는 예배에서 폭넓은 스펙트럼을 제공하게 된다. 우리는 모든 사람이 각자 다 다른 음악적 취향을 갖고 있다는 것을 알고 있다. (나는 이것만 가지고도 장문의 글을 쓸 수 있다!) 나는 때로는 다양한 장르로 작곡하는 것뿐 아니라 매주 스타일이 다른 찬양을 순서로 짜는 일이 매우 즐거운 일이라는 것을 알게 되었다. 성도들이 "매주 오늘은 어떤 음악을 듣게 될까" 궁금해하는 모습을 보는 일은 항상 즐겁다. 우리 찬양대가 Dixieland 악기와 함께 발을 구르며 찬양을 했었던 그 주일에는 예배에 엄청난 에너지와 웃음, 그리고 예배 후에는 감사 인사들로 넘쳐났었다. 찬양대가 방학으로 쉬는 8월의 어느 주일이었다. 작은 숫자의 중창단이 블루그래스 앙상블의 반주와 함께 모든 성도들이 잘 아는 찬송가를 메들리로 불렀다. 그 후 나는 성도들로부터 1년에 한 번 이상 "블루그래스 주일(Bluegrass Sundays)"을 갖자고 요청하는 이메일을 여러 개 받았다. 다시 말하지만, 그러한 유형의 예배는 성도들이 예상치 못한 것이었고 그런 경험은 성도들로 하여금 매주 주일 찬양을 기다리도록 만들어 주었던 것이다.

> 역자 주: 미국의 찬양대는 여름에 한 달 혹은 두 달 동안 방학을 한다. 그리고 다시 돌아올 때 찬양대가 수양회를 먼저 하면서 그 해의 앞으로 부를 찬양을 함께 부르면서 남은 사역을 준비한다.

찬양대 곡들 중에는 작곡가가 음악을 좀 더 멋있게 만들기 위해 기악 반주 오브리가토 부분을 악보에 포함시키는 경우가 있다. 나는 될 수 있으면 이것을 악보에 있는 대로 연주하기를 강력히 추천한다. 왜냐하면 이런 악기의 사용은 이 곡에 또 다른 색다른 느낌을 가져올 것이기 때문이다. 각 교회마다 살펴보면, 예배를 위해 자신의 음악적 재능을 기꺼이 사용할 고등학교 밴드나 오케스트라 학생들이 있을 것이다. 또는 필요하다면 피아니스트가 신디사이저로 적당한 소리를 찾아내어 해당 악기 대신 연주를 한다면 유사한 효과를 얻을 수 있다.

지금 부르는 성가를 찬양대원들이 얼마나 자신 있어 하느냐에 따라 뮤직 디렉터는 대원들의 소리를 좋게 섞는데 시간을 좀 할애해야 할 지도 모른다. 즉, 강한 소리를 가진 두 사람이 나란히 서지 않도록 떼어 놓거나 강한 소리를 가진 대원을 약한 소리를 가진 대원 뒤로 보내거나 또는 줄 자체를 앞뒤로 서로 바꾸어 세워 보든지 하는 일 말이다. 이렇게 할 때 대원들의 합창소리가 어떻게 잘 섞이거나(blend) 균형(balance)을 이루는지 또는 더 많은 자리 재배치가 필요한지 여부를 결정할 수 있다. 이러한 변화를 줄 경우, 소리가 아름답지 않은 사람에게서 마이크를 멀리 옮기고 하는 일 들에 주의해야 한다. 의도하지 않은 실수로 감정이 쉽게 상할 수 있기 때문이다. 찬양대를 배치하는 또 다른 좋은 방법 중 하나는 각 파트의 구성원을 두 사람씩 한 조로 만들어 파트 구분 없이 전체를 뒤섞는 방법입니다. (불행히도 이렇게 하기엔 남자 대원이 충분하지 않은 경우가 대부분이다.) 다음과 같은 배열을 한번 시도해 보라, 악보를 잘 읽고 자기 파트가 확실한 사람들은 파트너가 없어도 된다.

BBAATTSS
SSTTAABB

찬양대를 앉히는 방법에는 여러 가지가 있다. 누군가는 찬양대 생활 시작부터 내내 맨 뒷줄에만 앉아 있었다고 해도 여러분이 최상의 합창소리를 만들기 위해 끊임없이 얼마나 노력하는지 대원들이 알도록 하라. 좌석을 바꾸면 대원들의 소리를 더 잘 파악할 수 있고, 음정 교정에 도움이 되며, 찬양대원이 다른 찬양대원에게 의존할 필요도 줄어들게 된다.

"하나님은 올바른 음정을 사랑하십니다."
~ 로버트 쇼우

6. 워밍업(몸풀기): 발성과 몸

"귀에 부르는 노래가 입술에 꿀보다 더 달콤합니다."
~ 디오크리투스(270 BC)

어렸을 때 나는 길고 하얀 스테이션 왜건을 몰고 다녔던 이웃집 아주머니가 기억난다. 추운 겨울날이면, 그녀는 차로 달려가 시동을 걸고 엔진을 6-7번 세차게 돌린 후 운전해 떠나곤 했다. 이 "워밍업" 과정에서 차가 앞뒤로 흔들리는 것을 창가에서 지켜보면 우스꽝스럽기까지 했다. 긴 하루의 일과 후에 찬양대 연습에 가게 되면, 연습 시간 첫 몇 분 동안은 제대로 된 워밍업 없이는 빵 터지는 듯한 높은 음에 우리의 목소리와 몸이 잘 반응하지 못한다는 것을 알고 있을 것이다. 오랜 시간 책상에 앉아 일을 하면서 생긴 긴장감은 우리의 노래를 들어 보면 금방 드러난다. 노래를 부르기 전에 몸을 풀어 주는 과정은 우리들의 마음의 초점을 일터와 가정으로부터 하나님을 영화롭게 하는 음악을 만드는 일로 옮기게 하여 우리의 영혼을 다시 살리도록 한다.

시도해 볼 수 있는 다양한 신체 워밍업이 있지만 따로 공간을 마련할 필요가 없는 몇 가지를 방법을 소개한다.

- 어깨 돌리기: 당신의 어깨를 앞뒤로 돌려라. 처음에는 양 어깨를 동시에 앞뒤로 돌리고 그 다음엔 왼쪽, 오른쪽을 따로 돌린다. 그 다음엔 양 어깨를 위로 올리고 몇 초간 그대로 있다가 다시 내려 이완시킨다.

- 목 스트레칭: 목을 오른쪽으로 돌려 잠깐 멈춘다; 이번엔 왼쪽으로 한다; 아래로 목을 숙여 멈추고 뒤로 젖혀 잠시 멈춘다. 머리를 둥글게 돌리는 것

은 조심하라, 문제가 발생할 수도 있다.

- 팔 스트레칭: 양 손가락을 깍지 낀 상태로 머리 위로 팔을 들어올려 유지하면서 흉곽과 횡경막을 들어 올린다. 더 깊은 스트레칭을 위해 좌우로 기울인다.

- 팔 교차: 오른손으로 왼쪽 팔을 가슴에 가로질러 대고 오른손으로 왼쪽 팔꿈치를 잡아 유지시킨다. 반대쪽 팔도 같은 방법으로 한다.

- 가슴을 활짝 펴라: 등 뒤로 손을 잡고 각 팔꿈치가 닿도록 하십시오. 그대로 잠시 있는다.

- 양손 흔들기: 양 손목을 동시에 흔들어 몸에 혈액순환이 잘 되도록 한다.

- 들숨/날숨 내쉬기: 코와 입으로 깊게 숨을 들이마시며 천천히 머리 속으로 다섯까지 센다. 들이 마신 호흡을 3초간 유지한 다음 코와 입으로 천천히 숨을 내쉰다. 한 번 더 하되, 과호흡이 될 수도 있으니 그 이상 하지 않아도 된다.

몸풀기 (음악 없이)

- 똑바로 서서 몸의 긴장을 풀고 어깨를 뒤로 젖힌다. 입으로 숨을 들이마시면서 머리 속으로 다섯까지 세면서 배에 공기를 채운다. "스~~ (sss)" 소리와 함께 아홉까지 세면서 숨을 내쉬며 폐의 모든 공기를 배출한다. 시간이 지남에 따라 들숨을 7초, 날숨을 12초 등으로 늘려도 좋다. 이러한 훈

련은 내보내는 공기의 양을 조절하게 함으로 긴 선율을 노래하는데 도움이 된다.

- 바로 위에 설명한 연습의 변형으로 일곱까지 세면서 숨을 들이마신 다음 숨을 내쉬면서 중음(중간 도 위의 미 또는 남성의 경우 한 옥타브 아래)으로 "1, 2, 3, 4, 5, 6"을 노래 부르는 것입니다. 이 또한 호흡 연습으로 좋아 긴 구절을 부를 수 있게 한다.

- 빨대 호흡법 또는 발성: 두 발을 바닥에 대고 똑바로 앉거나 선다. 빨대를 한 모금 마시듯 숨을 들이쉬고 숨을 참지 말고 내쉰다. 호흡의 중심이 몸의 낮은 곳에서 이루어져야 한다. 이것은 심호흡이 어디서 이루어지는지 식별하는데 도움이 된다 (상체와 어깨가 아닌 배꼽 아래이다).

- 스타카토식 호흡: "히~" 소리를 내며 숨을 짧게 4번 들이쉬고 "후~" 소리를 내며 숨을 짧게 4번 내쉰다. 이 호흡도 그 중심이 몸의 낮은 곳에서 이루어지도록 한다.

- 사이렌 발성: "아~" 소리를 가장 낮은 음에서 시작하여 높이 올라 갈수 있는 음정까지 올라가되 "우~" 모음으로 바꾸어 소리 낸다. 가장 높은 음에서 다시 가장 낮은 음정으로 돌아가되 "아~" 모음으로 또 한 번 전환한다. 한 번 더 시도하되 좀 전에 냈던 같은 고음 혹은 그 보다 높일 수 있다면 한 번 더 노래해 본다. 이 연습은 목소리의 음역들을 연결시키는데 도움이 된다.

- 대부분의 찬양대원들이 아는 영화 혹은 극 중의 한 부분을 적용하여 뮤직 디렉터가 시범을 보이고 따라 하는 방법을 통해 성음들을 연결하는 훈련

도 좋다. (역자 주: 미국적인 방법인데 만화영화의 나오는 어느 한 부분을 인용하여 발성 연습에 사용하는 것이다.)

부록. 발성을 위한 스케일

이 책의 보충 자료로서 몸풀기 방법과 발성을 위한 스케일들이 준비되어 있으니 중앙아트 웹사이트 (www.joongangart.co.kr)를 방문하여 이 책의 제목을 검색하여 제품 페이지에 접속할 수 있다. 관련 상품으로 부록 "발성을 위한 스케일(Supplemental Warm-Ups & Vocalises)"을 선택하여 구매할 수 있다.

7. 효과적인 리허설

"소수의 사람들만이 마법의 줄을 튕길 수 있고 그것을 얻었다고
유세를 떨고 있구나: 아 ~~ 자신들의 몸 안에 음악을 지니고서도
단 한 번도 노래를 불러보지 않고 죽어가는 불쌍한 사람들이여!"
~ 올리버 웬델 홈즈

　팬데믹으로 인해 오랫동안 노래를 멈추고 난 후, 대부분의 찬양대원들은 그들이 그동안 얼마나 자신의 목소리를 적게 사용했는지, 특히 오랜 시간 동안 노래를 거의 하지 않았다는 사실을 알게 되었다. 더구나 혼자 사는 사람들은 하루 종일 말 한마디도 못한 채로 하루가 흘러갔을지도 모른다. 이러한 사실들은 호흡이 받혀지지 않으면서 한 때 쉽게 내던 고음이 더 이상 오간데 없이 사라진 것을 불현듯 깨닫게 된 찬양대원들에겐 특별히 더 큰 괴로움을 안겨줄 것이다. 또한 이번의 긴 휴식 후에 많은 사람들이 자신들의 악보 읽는 실력도 퇴보했음을 느낄 것이다.

　뮤직디렉터는 첫 번째 리허설에서 찬양대원의 목소리를 다시 회복시키는데 특별히 시간을 할애하여 도와줘야 한다. 첫 번째 핵심 목표는 찬양대원이 너무 큰 소리로 내거나 장시간 무리해서 소리를 내지 않도록 해야 한다. 우리 모두는 팬데믹 전까지 그들이 가지고 있던 노래실력으로부터 시작하는 것이 아닌 다시 기초부터 시작해야 하기 때문이다. 적절한 수분 섭취는 연습하는 동안과 후에 특히 중요하다. 대원들로 하여금 이전의 발성 메커니즘을 다시 회복하기 위해서는 집에서도 노래와 호흡 연습을 하도록 권장해야 한다. 또한 지휘자는 정상적인 찬양대로 돌아가는 첫 주에는 될 수 있으면 음역이나 난이도에 있어서 찬양대원들이 성공적으로 잘 부를 수 있을만한 곡을 선

택하는 것이 좋을 것이다.

　찬양대원들이 연습실로 들어서자 테이블 위에는 연습할 순서대로 잘 정리된 악보가 가지런히 놓여있고 그 옆에는 앞서 언급한 "공동체로서의 찬양대"라는 장에서 좀더 상세히 설명한 "은혜의 노트"란 유인물이 찬양대원들을 따뜻하게 맞이한다. 이들은 팬데믹으로 인해 누군가와 대화를 나눈 지 오래되었을 터이니 첫 연습 전에 다른 대원들과 수다 떠는 것이 충분히 이해된다. 나는 그들에게 이젠 그만 조용히 하고 모두 자리에 앉으라고 엄하게 말하는 대신 반주자에게 몇 가지 발성을 위한 음악을 연주해달라고 부탁하고 이미 자리에 앉아 연습을 시작할 준비가 된 사람들에겐 연습이 시작됨을 알린다. 찬양대원들은 음악이 시작되면 대화를 끝낼 줄 아는 사람들이며 지휘자는 연습을 시작한다며 누군가의 이름을 크게 부르지 않아도 된다. 정시에 연습을 시작하는 것은 그 무엇보다도 가장 중요한 일이다. 왜냐하면 이렇게 하는 것은 제 시간에 제 자리에 앉아 노래를 시작하기 위해 정성껏 자신을 준비하는 찬양대원들을 너무나 소중히 여기는 길이기 때문이다.

　일부 찬양대원들은 그렇지 않겠지만, 사실 모든 대원들이 주중 연습이나 주일 아침 예배에

　결석할 것을 이메일이나 문자로 꼭 알려야 된다고 생각하는 것은 아닌 것 같다. "공동체로서의 찬양대"에서 언급한 것처럼 찬양대원들이 본인이 앞으로 결석하는 것에 대해 미리 알릴 수 있도록 찬양대실 출입구 쪽에 출석부를 배치해 두는 것이 중요하다. 찬양대원으로 하여금 자신의 건강 관리와 출석에 스스로 책임을 지도록 요구하라.

잘 계획된 연습 시간에는 다음과 같은 몇 가지가 포함되어 있을 것이다: 뮤직디렉터의 따뜻한 인사, 발성연습, 파트 연습(다른 파트들은 "루"로 조용하게 자신의 파트를 연습하고 절대 잡담하지 않는다.) 그 다음으로 지휘자는 다가오는 주일 찬양을 연습하고 찬양대 영성 담당 임원에게 짧은 경건회와 기도 시간을 인도하게 한 다음 마지막으로, 늦게 도착한 사람들을 위해 오늘 연습한 찬양을 끊지 않고 처음부터 끝까지 다시 한번 불러본다. (뮤직디렉터들은 종종 "나는 결코 끊지 않을 겁니다"라고 말하지만 우리는 종종 끊는다.) 연습 중에 정확한 음정을 위해서 뿐만 아니라 에너지 레벨을 높이기 위해 찬양대원들로 섰다 앉았다 하는 시간을 가져보는 것도 좋다. 긍정적이고 격려하는 말, 유머와 웃음도 이 시간에 꼭 필요한 것이며 약속된 시간에 연습을 끝내도록 한다. 뮤직디렉터로서 우리는 찬양대원들이 직장에서 긴 하루를 보낸 후 연습에 참석하기 위해 애를 쓴 것에 대해 고맙고 기쁘게 생각하기를 바란다. 우리는 그들의 시간이 소중하다는 것을 인정해야 한다. 우리의 찬양대가 공동체로서 교제와 음악을 만드는 기쁨을 공유하는 단체가 될 때 그들은 계속해서 이곳으로 다시 돌아올 것이다.

뮤직디렉터로서의 우리의 목표는 예배를 위한 음악을 잘 준비하는 것뿐만 아니라 찬양대원들이 음악적으로 발전하고 소리도 좋아질 수 있도록 하는 것이다. 이를 위해서 미니 성악 레슨을 매주마다 제공하면 좋을 것이고, 이는 특히 나이가 조금 드신 분들께는 큰 도움이 될 것이다. 뮤직디렉터는 연습시간 동안 칭찬과 긍정적인 말을 많이 해주고 찬양대원들로 자신들이 부르는 노래의 프레이징, 호흡, 역동성 등과 같은 부분에서 어떻게 들리는지 스스로 말로 표현하게 함으로써 이들을 격려하고 가르친다. 공자는 이런 말을 했다: "나는 듣는다 그리고 잊어버린다. 본다 그리고 기억한다. 행동한다 그리고 깨닫는다." 우리가 말로 가르치는 것보다 찬양대원들 스스로가 연습하다가 뭔가 부족하다고 느끼는 부분을 그들에게 몇 마디 말로 표현하게 할 때 대원들은 오히려 배우게 되고, 더 듣게 되며 그리하여 좀 더 성장할 것이다. 이때 할 수 있는 주요 질문으로는: "어떻게 하면 이 프레이즈를 좀 더 잘 부를 수 있을까요?" "우리가 방금 불렀던 노래의 역동성에 대해 말해보세요." "음정이 떨어지지 않기 위해서는 좀 더 나은 자세가 필요하겠죠?" 등이 있을 것이다. 이런 질문들은 한도 끝이 없이 나열할 수 있다.

대학시절 나의 밴드부 교수님은(그렇다, 나는 색소폰을 주자였다) 우리 밴드에게 어떤 곡을 처음부터 끝까지 연주하도록 하였다. 그는 쭉 한 번 연주한 걸 듣고 나서 고쳐야 할 부분들과 어떻게 이 문제를 고칠수 있는지 그 방법에 관해서 이것저것 몇 마디 하시고 처음부터 끝까지 다시 연주해 보라고 하셨다. 그리고 나는 몇 년이 지난 후에야 깨달았다. 그때 우리는 실수를 반복해서 연습하고 있었다는 것을… 우리는 문제가 있는 상태로 그 곡 전체를 계속해서 반복함으로 잘못된 음들을 연습하기 보다는 문제가 있는 소절을 따로 떼어 내어 틀린 부분을 고칠 때까지 두 세 번 연습해야 했을 것이다. (어린 피아노 학생들의 경우, 하다가 틀리는 부분이 있으면 다시 처음부터 연습하고 싶어하는 경향이 있는데 이는 곡 중간에 끊긴 부분에서 음악을 시작하는 것이 그들에게는 쉽지 않기 때문이다.) 여러분들은 이번에 다시 해보면 좀 나아질까 하여 처음부터 다시 시작하는 잘못을 범하지 않길 바란다. 결코 더 나아지지 않는다. 각 찬양대원은 연필을 가지고 지휘자가 지적하는 내용을 잘 듣고 악보에 명확하게 표시해야 한다. 지휘자는 실수를 고칠수 있는 방법을 잘 알고 있어야 한다. 잘 안되는 부분은 따로 떼어 그 부분이 완전히 고쳐질 때까지 계속해서 연습시켜야 한다.

나는 노래에 있어 음악성을 키워내는데 도움이 되는 여러가지 운동 감각적 동작들을 사용하는 것을 옹호하는 사람이다. 그래서 우리 고등학교 학생들은 음악이 움직이는 방향대로 코다이(Kodaly) 수화나 신체 동작을 사용한다. 크레셴도의 양을 조절하는 방법으로 계단을 올라가는 것을 상상하게 하는 것도 한 예이다. 주어진 음정에서 123454321을 노래 부르면서 손을 단계적으로 들었다가 단계적으로 내리는 것을 통해 음정 연습을 한다. 음량조절 연습으로는 여러분의 양손에 커다란 고무줄이 감겨 있다고 상상해보라, 양손을 점차로 위로 향하게 하거나 또는 아코디언을 연주하듯이 양손을 천천히 벌리면서 5를 가장 큰 볼륨의 소리이자 고무줄의 당기는 힘이 가장 센 지점이라고 상상하면서 벌렸다가 다시 볼륨 1으로 돌아오면서 두 손이 합쳐질 때까지 양손을 모은다. 내가 가르칠 때 좋아하는 말 중에 하나는 "음정 하나하나를 노래하지 말고 전체 라인을 노래하세요."이다. 작곡가는 음악을 작곡하면서 악보가 너무 조잡해 보일 정도로 지나치게 크레셴도 및 데크레셴도를 표시하진 않는다. 작곡가들은 지휘자가 알아서 찬양대원들과 함께 음악의 흐름에 생기와 움직임을 잘 만들어 낼 것이라고 가정한다. 나는 종종 한 프레이즈를 가르칠 때 먼저 정확한 음과 리듬으로 시범적으로 찬양대원들에게 불러주고 난 후에 이번에는 악보에는 적혀 있지 않지만 나의 음악적 해석을 더하여 데크레셴도, 비브라토 등을 넣어 시범을 보여주고 난 후에 어느 것이 더 나은지 찬양대원들에게 묻곤 한다. 대원들의 추측은 대부분 정확하게 맞는다. "제가 첫 번째 연주한 것은 악보에 있는 그대로 한 것은 맞지만 과연 감성적이었을까요? 듣는 성도들과 교감이 될까요? 그건 마치 이미 심장이 멈춘 환자의 심장박동기에서 나는 '삐----' 소리 같지는 않았나요? 살아있는 자의 심장박동기는 계속해서 오르락 내리락 움직이고 있지요, 우리의 음악도 마찬가지입니다."라며 설명해 준다. 만약 어떤 지휘자가 말하기를 "난 절대 여기를 크레센도 할 수 없어요. 왜냐하면 작곡가가 그러라고 써넣지 않았기 때문이지요." 우리 작곡가들은 우리의 음악이 아름답고 풍부하게 표현되기를 바란다는 것을 알기 원한다.

　　찬양대 안에서 보면 대원들 간의 음악적인 실력의 차이가 상당할 수 있다. 이럴 때는 지휘자가 악보를 잘 읽는 대원들이 너무 지루해하지 않게, 또 악보를 잘 못 읽는 대원들이 좌절하지 않게 양쪽의 조화를 위해 노력해야 할 것이다. 음악적으로 많은 연습이 필요한 칸타타 혹은 큰 곡을 연주하는 경우에는 짧은 파트 연습을 통해 음정 습득을 도와주는 것을 생각해 볼 수 있다. 파트 리더나 피아노를 연주할 줄 아는 대원이 있다면 찬양대 연습실에서 한, 두 파트가 지휘자와 연습을 하는 동안 다른 파트대원들은 다른 장소에서 연습을 할 수 있다. 이 방법은 찬양대 연습실에서 네 파트가 다 참여하는 가운데 도움이 필요한 한 파트를 위해 나머지 다른 파트들이 시간을 낭비하는 일을 없애줄 것이다. 우리는 같은 공간에서 다른 파트가 연습하는 동안 나머지 파트 대원들이 자신의 파트 부분을 조용히 공부하기를 바라겠지만, 우리가 알고 있듯이 사람들은 종종 그 시간을 잡담을 하거나 전화 통화 등으로 낭비한다. 그것은 연습 시간의 효율성을 떨어뜨리며 많은 사람들에게 지루함을 안겨줄 수 있다. 그리고 지휘자가 따로 파트 연습을 시키게 되면, 파트별로 더 가까이 음성을 들을 수 있게 되고 찬양대 전체가 노래하는 것을 들을 때보다 더 쉽게 화음조절, 심한 비브라토 또는 발성의 교정 등과 같은 구체적인 교정을 잘 도와줄 수 있다. 서로 아무리 절친한 친구일지라도 가장 소리가 튀는 소프라노 두 명을 같이 앉히는 것은 좋지 않으니 따로 앉히는 배치작업도 이러한 파트 연습 시간에 수행할 수 있다. 모든 것이 조화라는 개념을 위해 결정하는 것이라고 알려주는 것도 좋을 것이다. 음악적으로 숙련된 찬양대원들을 세워주는 방법으로, 새로운 찬양곡을 소개할 때 이들로 악보를 읽도록 하고, 도움이 필요한 대원들이 그들을 따라하며 듣게 할 수도 있다. 이렇게 할 때 지휘자는 이 곡을 익히는데 얼마나 시간이 필요한지 알아볼 수 있으며 대원들에게는 새 찬양곡의 전체 사운드를 들어볼 수 있는 기회가 된다. 가끔씩은 리허설 후라도 뮤직디렉터는 각 파트에 여전히 어려움을 겪고 있는 사람들을 위해 피아노 주위에 모여 10분 정도의 짧은 연습 모임을 가질 수 있다. 이 때 집에서 더 연습할 수 있도록 대원들이 피아노 파트를 녹음하는 것도 좋은 방법일 것이다.

우리 모두 그간 교실을 떠난 지 오래되었겠지만, 평생의 학습자가 되는 것은 매우 중요하다. 합창 뮤직디렉터로서 나의 목표는 수천 건의 공연을 들으면서, 세미나도 참석하고, 책을 읽고 동료와 교수들로부터 배운 모든 음악적 지혜를 찬양대원들에게 나누어 주는 것이었다. 우리 뮤직디렉터들의 임무는 찬양대가 매주 찬양대 찬양을 잘 부를 수 있도록 준비하는 것(물론, 간혹 그것도 제대로 잘 안 되는 경우도 있겠지만)만이 아니라 찬양대원들에게 호흡, 적절한 음색, 자세, 발음 및 음정 감각에 대해 가르치는 것이다. 좋은 소리와 생기 있는 소리를 만들도록 가르치는 간단하면서도 짧은 그 시간은 앞으로 몇 주 안에 부를 다른 모든 찬양곡들에게도 적용이 되어 큰 도움이 될 것이다. 전문적인 음악 용어들이나 라틴어 발음은 수수께끼처럼 느껴질 수 있지만 이제는 인터넷만 있으면 얼마든지 모든 답을 얻을 수 있다. 만약에 당신이 발성에 관한 한 대단한 전문가가 아니라서 자신이 없다면, 당신의 찬양대원들을 도울 수 있을만한 존경받는 동료 음악가를 모셔오는 것도 좋지 않을까 한다. 아마도 고등학교 교사 혹은 대학교 교수들 중에 전문가를 데려오는 것을 고려해 보라. 가끔 찬양대가 특정 시대의 연주곡을 부르게 되는 경우에는 그 시대의 찬양이 어떻게 불리어지는 것이 올바른 것인지 연구하고 공부해 보라. 클래식 곡이나 또는 현대 곡 여부에 상관없이 작곡가에 대해 간략한 소개를 찬양대원들에게 해보라. 21세기 작곡가들은 연락하기가 매우 쉽고 그들의 작품이 어떻게 만들어졌는지에 대한 이야기는 찬양대원들에게 매우 흥미로울 것이다. 나의 작품을 연주하게 되었던 어떤 지휘자들은 나에게 페이스타임(역자주: 애플 기기에 설치되어 있는 화상 대화 어플리케이션 명)을 요청하여 그들과 대화할 뿐 아니라 그들의 찬양대가 연주한 것을 들려주기도 하였다. 연주자들과 직접 연결되어 만나고 그들의 연주를 들을 수 있다니 이것은 참으로 나에게 크나 큰 기쁨이었다!

뮤직디렉터들은 자신의 찬양대의 강점을 잘 파악하여 그들에게 가장 잘 맞는 음악을 선택해야 한다. 그렇게 하면 찬양대원들이 힘이 나고 자신감을 얻게 되어 찬양대에 대한 새로운 소망을 품고 찬양대로 계속해서 돌아오는 것이다. 마지막으로, 우리는 음악사역 지도자로서 예전의 "그 좋던 시절", 즉 수요일 저녁에 50-60명의 찬양대원들과 어린이 합창단 연습을 위해 부모들이 아이들을 데리고 오던 그 옛날의 추억에 매달려 있어선 안 된다. 이러한 태도는 우리 자신뿐 아니라 우리 대원들에게도 좋았던 옛날과 지금을 자꾸 비교하게 만들어 부정적 태도를 갖게 한다. 시대는 급변하며 가족도 변하고 우리의 예배도 변한다. 피아노를 집에 가지고 있는 가정들이 급격하게 줄어들고 있으며 소수의 사람들만이 피아노를 공부하고 있다. 또한 불행하게도 점점 더 많은 청소년들이 학교에서 한정된 음악 교육만을 받고 있다. 우리는 우리가 제공하는 음악을 "재창조"하여 어린이부터 어른까지 그들의 문화로 하나님을 예배하는 것을 고민해 봐야 한다.

우리의 삶에서 시계추는 여러 방향으로 왔다 갔다 하고 있기 때문에 우리가 상상할 수 없는 그 어떠한 방식으로 음악 사역이 부활할 수도 있다! 우리는 다른 사람들과 대화하고, 연구하고, 창의적이어야 할 것이다.

"음악은 천사들의 연설이라고 흔히들 이야기한다: 사실, 인간이 할 수 있는 그 어떤 말도 그토록 성스럽게 느껴지는 것은 없다. 그것은 우리를 무한대로 이끌어준다."

~ 토마스 카라일

8. 찬양대 경건의 시간

경건의 시간 #1

"항상 기도하라"

"너희 중에 고난 당하는 자가 있느냐?
그는 기도할 것이요, 즐거워하는 자가 있느냐? 그는 찬송할지니라"
~ 야고보 5:13

매주 우리는 여러 가지 이유로 찬양 연습에 모입니다; 하나님을 향해 우리의 목소리를 높이기 위해서, 또한 우리의 음악적 재능을 매주 예배에 사용하며, 믿음의 가족과 교제하며 기쁨과 근심을 나누기 위해서이죠. 성경은 우리에게 마음을 다해 소리를 높여 찬양하며, 가만히 앉아서 구경만 하는 것이 아니라 예배에 적극적으로 참여하는 예배자가 되라고 명령하고 있습니다. 에베소서 5장 19절은 시와 찬미와 신령한 노래로 서로 화답하고 노래하며 찬송하라고 말씀하고 있습니다. 또 야고보서 5장 13절은 "너희 중에 고난 당하는 자가 있느냐? 그는 기도할 것이요 즐거워하는 자가 있느냐? 그는 찬송할지니라"라고 합니다. 역대상 1장을 보면, 다윗이 입고 있었던 옷은 법궤를 메는 모든 레위인, 그리고 노래하는 자들과 찬양대를 맡은 그나냐가 입었던 바로 그 세마포였음을 알 수가 있습니다. 골로새서 3장 16절을 보면 "그리스도의 말씀이 너희 속에 풍성히 거하여 시와 찬미와 신령한 노래를 부르며 모든 지혜로 서로 가르치고 권면하라. 너희 마음에 감사함으로 하나님께 노래하라"라고 하십니다. 우리가 진정으로 하나님의 거룩한 말씀에 기록된 대로 따르기를 원한다면 찬양으로 하루를 채워야 할 것입니다. 아마도 우리가 음악을 해야 할 필요성을 설명하는 가장 아름다운 찬송가는 "어떻게 노래하는 것을 멈출 수 있을까?"일 것입니다. 자, 이제 다 함께 찬양합시다. ["어떻게 노래하는 것을 멈출 수 있을까? (How Can I Keep from Singing?)" 삽입]

함께 기도하십시다.

거룩하신 아버지, 오늘 이렇게 음악인들(찬양대와 악기연주자들)이 이자리에 함께 모였습니다. 주님께서 풍성하게 주신 목소리와 악기를 주님께 올려드립니다. 모든 노래하는 자와 악기 연주자의 기도는 똑같은 무언의 간구입니다. 우리가 함께 목소리를 내어 찬양할 때, 우리 옆의 소리들을 민감하게 들을 수 있는 귀를 주시고, 또 우리의 목소리와 악기로 드리는 음악이 우리의 노력으로만 끝나지 않기를 간절히 기도합니다. 우리의 찬양을 듣는 성도들에게 천국의 찬양으로 그들에게 임하는 역사를 주시고 우리가 마음으로 이해한 음악을 가지고 전능하신 주를 찬양하게 하옵소서.

이 모든 말씀을 가장 거룩하신 주님의 이름으로 기도합니다.
아멘.

경건의 시간 #2

"빛 비추는 성자들"

*"흑암에 행하던 백성이 큰 빛을 보고
사망의 그늘진 땅에 거주하던 자에게 빛이 비치도다"
~ 이사야 9:2*

우리 찬양대가 프랑스 순회공연을 할 때 일입니다. 우리가 연주하기로 되어 있는 성당 안으로 걸어 들어가자 빛나는 스테인드글라스에 새겨진 성인들의 그림들이 눈에 띄었습니다. 마리아의 팔에 안겨 있는 아기 예수와 천국 열쇠를 들고 있는 베드로 등 여러 사람의 그림이었죠. 그 때 태양이 창문에 그려진 단순한 그림을 영광과 찬란함으로 바꾸어 놓는 것을 보면서 저는 과거의 들었던 한 정의가 떠올랐습니다. "성자들이란 그들의 삶을 통해 빛을 비추는 사람들이다." 오늘 이것을 깊이 생각하면서 저는 그 말이 스테인드글라스 창 안에 새겨져 있던 존경받는 성자들에게만 적용되는 것이 아니라 오늘날 우리 주위의 이름 없는 성도들에게도 적용된다는 것을 깨달았습니다. 저는 제 주위에 성자들과 같은 이들을 알고 있습니다. 최근에 세상을 떠난 아름다운 여성 제니스는 제가 학교에서 음악선생님으로 일했을 때 우리 아이들의 두 번째 부모 역할을 해주었습니다. 저는 그녀의 장례식에서 조가를 부를 수 있는 특권을 누렸고 그녀는 우리 가족뿐 아니라 다른 아이들에게도 기독교 가치를 삶으로 나누어 준 빛이었습니다. 그리고 사랑하는 제 친구, 던을 기억합니다. 작곡을 좋아하던 저에게 처음에는 성경을 배우기 위한 수단으로 작곡을 하라고 조언해 주었고 결국에는 찬양대를 위한 찬양을 쓰도록 격려의 빛을 계속 비춰주었습니다. 감사합니다.

우리가 이름을 다 알 수 없는 수많은 성도들이 있지만, 그들은 우리의 하루를 계속해서 밝게 비추어 줍니다: 우리가 근처 마켓에서 장을 보고 나오면서 만나게 된 따뜻한 미소의 계산대의 직원; 당신의 어린 손자가 수술을 받았을 때 그를 위해 함께 진심으로 기도해 준 주 안의 형제들; "학교에서 저를 가르쳐 주셔서 감사합니다; 당신은 내가 참으로 좋아하는 선생님이었습니다."라는 작은 쪽지를 보내준 예전의 졸업생, 또는 재학생들; 이렇듯 많은 사람들을 통해 하나님의 빛은 계속해서 밝게 빛나고 있습니다.

저와 함께 기도하시겠습니까?

신실하신 아버지, 제 인생에 밝은 빛이 필요할 때 성도들을 보내주셔서 저로 힘을 내게 하심을 인해 감사드립니다. 하나님, 제게 영감이 필요했을 때 그들이 저를 어떻게 축복했는지 잊지 않도록 도와주세요. 그들에 대한 보답으로 저도 제 인생에서 만나는 다른 사람들에게 성자가 되도록 인도해 주옵소서. 가장 거룩하신 주님의 이름으로 기도합니다.

아멘.

경건의 시간 #3

"은혜와 평강이 여러분과 함께 하기를"

*"하나님 아버지와 그리스도 예수 우리 주께로부터
은혜와 긍휼과 평강이 네게 있을지어다."*
~ 디모데후서 1:2

"은혜와 평강이 너희에게 있을지어다"라는 문구는 바울과 베드로가 쓴 신약의 모든 서신서들에 나오는 인사문구였습니다. (롬 1:7; 고전 1:3; 고후 1:2; 갈 1:3; 엡 1:2; 빌 1:2; 골 1:2; 살전 1:1; 살후 1:2; 딤후 1:2; 딛 1:4; 필1:3; 벧전 1:2; 벧후 1:2). 성경에 여러 번 반복되어 나오는 표현들은 우리가 집중해서 살펴봐야 할 필요가 있습니다. 어떤 신학자들은 "은혜"는 이방인의 인사 방법이고 "평강"은 유대인의 인사 방법이라고 합니다. 신약 당시에 "은혜와 평강"은 이방인이나 유대인들이 다 이해하는 표현이었습니다.

"은혜와 평강이 너희에게 있을지어다"는 단순한 인사 이상의 의미가 있습니다. 바울과 베드로는 이 말을 축복의 의미로 사용하였습니다. "은혜와 평강", 이것을 그리스도를 따르는 자들로 직접 경험하기를 바울과 베드로가 그렇게 원하고 기도한 것입니다. 은혜와 평강이 왜 그렇게 중요합니까? 그리스도를 믿는 우리는 어떻게 은혜와 평강을 경험할 수 있을까요?

참된 개인적인 평강은 예수 그리스도로부터 주어진 그 은혜를 우리가 받아들일 때 찾아옵니다. 그는 우리의 모든 죄에 대한 죄값을 지불하기 위해 십자가에서 죽으셨습니다. 그리스도인으로서, 우리는 엄청난 무게의 죄책감이란 짐을 벗어 던지고 세상을 직면할 수 있게 되었습니다. 복음이란 우리가 예수를 믿기 전 뿐만 아니고 그리스도인이 되고 난 후에 지은 모든 죄에 대해서도 모두 다 하나님께 용서받을 수 있다는 것입니다(에베소서 1:7; 요일 1:9). 그리하여 우리는 자유롭고 담대하게 하나님 앞에 나아가 하나님을 위해 살 수 있게 되었습니다. 우리가 하나님의 은혜로 말미암아 진정으로 용서받았다는 것을 깨달을 때 그것이 얼마나 큰 평강을 가져다주는지요!

그리스도인들은 은혜의 가치를 이해하고 소중히 여기는 사람들입니다. 은혜는 그리스도를 통하여 우리에게 주어진 것이기에 우리는 이 은혜를 또 다른 사람들에게 베풀 수 있는 것이죠. 은혜를 베푸려는 열망이 부족한 것은 그리스도를 통해 주어진 은혜에 대한 이해가 부족함을 반영합니다. 믿는 자들이 다른 사람들에게 은혜를 베푸는 것으로 성도들 사이에는 화평이 형성됩니다. 혹시 당신은 어디에선가 평화의 결핍을 경험하고 있지 않습니까? 어쩌면 하나님께서 당신이 다른 사람에게 은혜를 베푸기를 원하고 계신 것은 아닐까요?

우리의 삶에서 평강을 경험하려면 하나님의 은혜를 받아들일 뿐만 아니라 다른 사람들에게도 은혜를 베풀어야 합니다. 오늘 그리스도와 함께 걸으면서 은혜와 평강을 경험하시기 바랍니다. 당신에게 은혜와 평강이 함께 하시기를!

저와 함께 기도하시겠습니까?

거룩하신 아버지, 우리는 당신을 아는 것으로부터 오는 참된 평화와 은혜를 간절히 원합니다. 우리가 진정으로 그리스도를 따르는 자가 되기에는 많은 면에서 부족한 것을 용서해 주옵소서. 우리의 일상 생활에서 주님의 인도와 나아갈 길을 보여주시기를 기도합니다.

하늘 아버지의 이름으로 기도합니다,
아멘!

~ 메리 딕키 박사, 동아시아 30년 명예선교사

경건의 시간 #4

"우리 찬양대"

"인내와 안위를 주시는 하나님이 너희에게 그리스도 예수의 마음과
본향을 주사한 마음과 한 입으로 하나님 곧 우리 주 예수 그리스도의
아버지께 영광을 돌리게 하려 하노라."
~ 로마서 15:5-6

제가 대학시절에, 오클라호마 주립대학 음대 교수였고 지금은 고인이 되신 폴 프리센 교수의 성악전공 학생들의 반주를 3년 동안 담당했었습니다. 그는 1960년대 인기 TV 프로그램이었던 "미치와 함께 노래해"라는 남성 합창단의 멤버로서 몇 년 동안 활동했다고 말씀하셨어요. 이 그룹이 모든 국민이 즐겨 부르던 노래인 "튀고 있는 볼(bouncing ball)"을 부를 때면 집에서 TV를 보던 시청자들도 텔레비전 화면에 나오는 가사를 보며 같이 따라 부르곤 했다고 합니다. (누군가 이 쇼를 모르는 사람들에게 보충설명을 해야 할 것 같네요.) 폴 교수가 말하기를 이 그룹의 음악감독이었던 미치 밀러는 항상 의도적으로 아주 키가 크거나 아니면 아주 키가 작거나, 또는 아예 대머리이거나 과체중인 가수를 고용하려고 애를 썼다고 합니다. 그러기에 그 남성합창단은 가지각색의 외모를 가진 남성들로 구성되었지요. 그는 TV 시청자들로 자기들과 같은 평범한 사람들이 모여 이렇게 아름다운 음악을 만들어 나간다는 것을 알기 원했습니다.

로마서 15장에서, 바울은 그리스도를 따르는 자들의 연합을 촉구했습니다-"한마음과 한 입으로 하나님 곧 우리 주 예수 그리스도의 아버지께 영광을 돌

리게 하려 하노라." 여러 구약 성경 구절을 통하여, 바울은 유대인과 이방인이 함께 노래하며 한 목소리로 하나님을 찬양하는 것에 대해 말했습니다. 한 때 불가능하다고 여겨졌던 이 하나됨은 깊이 분열되었던 사람들이 그리스도 안에서, 주가 보여주신 자비에 대해 함께 하나님께 감사하기 시작하면서 현실이 되었습니다. 같은 상황 속에서도 우리는 "성령의 능력으로" 기쁨과 평안과 소망으로 충만합니다. 우리가 다양하면서도 열린 마음을 가진 우리 찬양대원들과 성도들로 이루어진 공동체의 일원이 된 것이 얼마나 감사한 일입니까?

함께 기도할까요?

사랑하는 하나님 아버지, 우리가 하나님의 자녀가 되기 위해 획일적인 크기나 인종 혹은 특정한 자격에 맞아야 하는 것이 아닌 것이 참 감사합니다. 하나님께서 세상의 모든 자녀들을 사랑하시기에 우리 모두는 주님이 보시기에 소중한 줄 믿습니다. 모든 소망의 하나님이 성령의 능력으로 우리에게 기쁨과 평강을 충만하게 하옵소서.

주님의 끊임없는 사랑에 감사를 드립니다.
아멘.

경건의 시간 #5

"바나나 빵에서 얻는 교훈들"

"그러나 내가 나 된 것은 하나님의 은혜로 된 것이니 내게 주신 그의 은혜가 헛되지 아니하여 내가 모든 사도보다 더 많이 수고하였으나 내가 한 것이 아니요 오직 나와 함께 하신 하나님의 은혜로라"
~ 고린도전서 15:10

제가 동아시아에 살았을 때, 몇 명의 여성들에게 바나나 빵 만드는 법을 가르쳐 준 적이 있었습니다. 서양인들이 바나나 빵을 만들기 위해서 예쁘고 깨끗한 바나나 대신에 점박이(검게 멍든) 바나나를 구입한다는 사실은 항상 그들을 놀라게 했습니다. 빵 굽는 사람이라면 누구나 가장 향긋한 바나나 빵이 반점이 많은 바나나로 만들어진다는 것을 알고 있습니다. 빵 굽는 사람들은 더 좋은 바나나를 찾지 못해 점박이 바나나를 사용하는 것이 아닙니다. 반대로, 빵 굽는 사람들은 일부러 점박이 바나나를 찾아 선택한다는 것이죠.

이와 같이 하나님께서는 당신의 교회를 세우기 위해 "점(흠)" 있는 사람들을 선택하셨습니다. 고린도전서 1장 26-28절에서 바울은 하나님께 부르심을 받은 사람 중에 지혜롭고 능력 있고 존귀한 자가 많지 않다고 말씀했습니다. "그러나 하나님께서 지혜 있는 자들을 부끄럽게 하시려고 세상의 미련한 것들을 택하셨고 강한 것들을 부끄럽게 하시려고 세상의 약한 것들을 택하셨으며 하나님께서 세상의 천한 것들과 멸시받는 자들을 택하사…" 하나님께서는 흠이 있는 사람들을 택하십니다.

당신은 반점(흠)이 있는 사람입니까? 자신이 실수했거나 어떤 식으로든 너무 망가져 버려서 더이상 이 세상에 필요하지 않은 자라고 스스로 생각하십니까? 하나님은 당신이 누구인지 정확히 아시고 그 특별한 점(흠)을 가진 당신을 선택하셨습니다. 고린도전서 15장 10절은 "그러나 내가 나 된 것은 하나님의 은혜로 된 것이니 내게 주신 그의 은혜가 헛되지 아니하여 내가 모든 사도보다 더 많이 수고하였다. 그러나 내가 아니라 하나님의 은혜가 나와 함께 하신다." 나는 하나님의 은혜로 나입니다. 내 반점은 나의 일부이지만 하나님은 내가 하나님을 위해 수고할 때 은혜를 주시고 이런 나를 사용하십니다.

검고 멍든 바나나가 좋은 바나나 빵의 재료가 되긴 하지만 다른 재료와 섞어 구워 내지 않고는 그 자체로는 먹기 힘듭니다. 이와 같이 흠이 있는 사람은 다른 흠이 있는 사람과 함께 인생의 풀무에서 녹아집니다. 하나님의 은혜로 향기로운 교회를 짓습니다. 그리스도의 몸 밖에서 삶을 사는 점박이 성도들은 그리 매력적이지 못할 것입니다.

결합한 점박이 사람들이 또 다른 점박이 사람들과 연합하여 인생의 풀무불에 함께 넣어질 때 하나님 앞에 향기로운 무언가를 생산해 냅니다... 그것은 바로 하나님이 참으로 사랑하시는 교회. 당신의 반점은 결코 실수가 아닙니다. 하나님은 당신을 선택하셨고 당신을 사용하시려고 하십니다. 그 점과 흠을 포함한 모든 것을 말입니다.

함께 기도하십시다.

하나님 아버지, 우리 각자는 점들, 상처와 흠이 있는 삶임에도 불구하고 하나님 보시기에 아름답고 완전합니다. 우리에 대한 당신의 사랑과 자비에 정말 감사드립니다. 주님의 다함이 없는 사랑으로 우리에게 부어주신 많은 축복을 기억하게 하옵소서.

예수님의 이름으로 기도합니다.
아멘.

~ *메리 딕키 , 30년된 동아시아 명예 선교사*

경건의 시간 #6

"그리스도 안에서 인내와 용납"

"너희 안에서 착한 일을 시작하신 이가 그리스도 예수의 날까지 이루실 줄을 우리는 확신하노라."
~ 빌립보서 1:6

전문적인 예술가라면 "아니오"라는 단어를 일반인보다 평균적으로 훨씬 더 많이 듣게 됩니다: "당신은 여기에 딱 맞는 사람은 아니네요"; "지금은 적절한 시기가 아닌데요"; "이미 캐스팅되었습니다"; "예산이 없네요"; "당신이 아니라 그들입니다"; "당신은 이 일에 적합하지 않아요"; 등의 말입니다. 그래서 예술가들은 쉽게 지치고 매우 빨리 낙담할 수 있습니다. 공연이란 자체가 개인적인 것이다 보니, 이런 거절들이 개인적으로 받아들여지게 될 때가 있지요. 만약 여러분들의 자존감이나 가치가 여러분들의 연주실력이나 이력서, 경력 또는 다른 어떤 것과 결부되어 있다면, 확신컨데, 여러분은 언젠가 분명히 실망하고 낙담할 것입니다. 이런 것은 예술계의 본성일 뿐 아니라 우리들의 삶의 본성이기도 합니다. 여러분 스스로의 참된 소속감과 가치에 대한 갈망을 만족시키기 위해 하나님 외의 다른 것을 찾는다면 끝없이 실망할 것입니다. 그러나 여러분의 자존감과 가치가 하나님께서 당신을 그리스도안에서 완전하고 흠이 없다고 보시는 것과 일치한다면, 당신은 이미 우주의 창조주로부터 칭찬과 인정을 받은 것입니다! 그분께 당신은 완벽한 적격자입니다.

그렇다면 포기하고 싶거나 낙담될 때 여러분은 어떻게 하시겠습니까? 일이 잘 된다고 너무 교만하지 마시고 낙망이 될 때 너무 극단적으로 생각하지 않으시기를 바랍니다. 교만과 좌절, 어느 쪽을 택하든 둘 다 우리를 가둬 놓습니다. 자신이 대단한 듯한 우월감을 느끼면서 교만에 절어 있든지 아니면 열등감으로 인한 지독한 자기 연민에 사로잡혀 있겠죠. 꼭 기억하세요, 여러분을 진정으로 만족시킬 수 있는 유일한 것인 '하나님과의 관계'에 비하면 모든 것은 다 끝에서 두번째임을. 이전에 아마도 본 적이 있을 법한 실용적인 약어 "HALT(정지)"를 소개합니다. 지금 이 순간, 잠시 모든 걸 멈추고 여러분 자신에게 한번 물어보세요. 혹시 배가 고프거나(Hungry), 화나거나(Angry), 외롭거나(Lonely), 피곤한지(Tired), 그리고 이러한 스트레스 요인으로 인해 무겁고 답답한 나의 마음이 더 힘들어지고 있는건 아닌지 말이죠. 그렇다면 그 스트레스 요인을 돌아보고 문제를 다시 살펴보시기를 바랍니다. 어쩌면 당신은 "나는 4가지 모두에 해당되는데요!"라고 말할 수도 있습니다. 그것도 괜찮습니다. 하지만 내 인생에서 어떤 스트레스가 나를 누르고 있는지를 알아내는데 도움이 될 겁니다. 엘리야가 너무 좌절되어 깊은 우울증으로 죽을 지경에 이르렀을 때(열왕기상 19장), 주님의 천사가 그에게 나타나 먹을 음식과 두 번의 낮잠을 주었습니다! 그리고 당연히 여러분들의 앞날을 위해서도 기도하세요 – 당신의 꿈, 당신의 포부, 당신의 재능, 당신의 두려움... 그리고 또 기회들을 위해서 말입니다. 우리는 "쉬지 말고 기도하라"(데살로니가전서 5:17)라는 명령을 받았고 그것은 모든 것에 대해 기도하는 것을 의미합니다. 또한 열심히 노력하십시오. 에덴 동산에서 타락하기 전에도 아담은 일을 하고 있었습니다. 노동은 좋은 것입니다. "무슨 일을 하든지 주께 하듯 하고 사람에게 하듯 하지 말라"(골 3:23)

탁월한 사람이 되십시오. 그것이 당신이 가고 싶다고 생각하는 곳으로 당신을 인도할 수도 있고 당신에게 또 다른 새로운 길을 열어 줄 수도 있겠지만,

무엇보다 귀한 사실은 고된 수고 끝에 얻어지는 훈련됨과 열매는 그 자체로 언제나 축복이란 것이죠. 하나님은 당신이 보거나 느낄 수 있든지 혹은 그렇지 못할 때라도 항상 당신을 그 분의 길로 인도하고 계십니다. 물론 우리도 때때로 하나님으로부터 "아니다"라는 말을 들을 수 있고 또 들을 것입니다. 그분은 항상 "우리 삶을 위한 자신의 목적을 이루시는 분(로마서 8:28)"이며 "우리 안에서 착한 일을 시작하신 이가 신실하시기에 반드시 완성하실 것입니다(빌립보서 1:6)."

마지막으로 가장 중요한 것은, 우리가 영원한 소망을 가질 수 있도록 십자가에서 영원한 거절을 견디신 예수님을 바라보십시오. 우리가 (하나님으로부터) 가장 영광스러운 "사랑"을 받고 누릴 수 있도록 우리 대신 죽음을 당하시고 (하나님으로부터) 오히려 최악의 "거절"을 당하셨던 그 예수님을 바라보십시오.

함께 기도하십시다.

주님, 우리가 궁극적으로 소망으로 충만할 수 있도록 우리 대신 모든 고통과 좌절을 감당하신 주님을 찬양합니다. 우리의 생각을 다 아시며 이 세상에서 겪는 우리의 고난을 다 알고 계신 주님께 감사를 드립니다. 그 고통은 우리만 오롯이 겪어내야 하고 주님은 상관하시지도 않는다고 생각했던 것을 용서해 주옵소서. 주님은 우리를 위해 생명을 바치실 만큼 우리를 충분히 돌보셨습니다. 주님이 침묵하실 때에도 주님은 결코 우리에게서 떠나지 않으시며, 주님 안에는 우리가 필요로 하는 모든 것과 진정으로 우리를 만족시킬수 있는 모든 것이 있음을 기억할 수 있도록 도와주세요. 우리의 하는 일에서 탁월해 지고 우리의 은사와 능력을 사용하여 더 위대한 수준을 이루기를 소망하지만 그러나 이런 것들이 주님을 기쁘시게 하고 경외하려는 우리의 이 열망을 결코 빼앗지 않도록 도와 주소서.

아멘.

~ 에밀리 드라넨 로페즈, 롱 아일랜드시티, 뉴욕

9. 개인적 목양

"매일 아침 일어나면 좋든 싫든 해야 할 일이 있음을 하나님께 감사하십시오. 일을 강요당하고 최선을 다하도록 강요받는 게으른 자는 결코 알지 못할 백 가지 덕목을 당신 안에 심어줄 것입니다."
~ 찰스 킹슬리 (1819-1875)

예배 목사와 뮤직디렉터로서 교회 안에서 섬기다 보면 우리는 종종 많은 이름의 모자(직책)를 쓰게 된다. 특히 작은 교회에서 파트 타임으로 봉사하거나 음악을 지휘하도록 부탁을 받을 때 전제 조건으로, 예를 들어 찬양대 반주도 같이 해달라고 하는 경우이다. (역자주: 미국교회에서는 반주하면서 지휘를 하는 경우가 가끔 있다.) 동시에 또 어떤 주간 에는 창의적인 예배순서 기획, 찬양곡 선택, 다른 찬양대 및 찬양팀과의 리허설, 음악위원회 회의 참석, 뉴스 레터 기사 작성 또는 교독문 작성, 음악부서 구매 주문/예산 기획안 작성, 인사말 카드 보내기 및 찬양대와 오케스트라 사역 등이 포함된다. 사순절이나 성탄주간이 되면 여러가지 프로그램과 특별 예배들이 첨가되고 목사/디렉터의 일이 더 많아져 교회 절기 음악행사에 집중하기가 어려운 상황들이 생긴다. 10년 이상 파트타임 교회 뮤직디렉터로 일하면서 느낀 것은 모든 행사들이 줄지어 이어지는데 그 행사들에 온전히 집중하다가 때로는 크리스마스를 개인적으로 충분히 즐기지 못했다는 것이다. 결국 다른 사람들이 "즐거운 크리스마스"를 보낼 수 있도록 도와주다가 나의 에너지는 바닥이 나 버리는 형국이었다. 나는 "파트타임 음악목사: 궁극의 모순."이라는 제목의 책을 쓸 생각이었다. (이 출판물은 곧 출간될 예정이다!) 나는 함께 사역하던 다른 목사들이나 직원들은 모두 전임사역자인데 비해 나만이 유일하게 파트타임 뮤직디렉터였기에 여러 행사를 준비하는데 나만이 시간을 적게 사용하는 일은 가능하지 않아 어려움이 많았다. 이럴 때는 담임목사님과 진솔한 대화를 나누고 필요에 따라 합리적으로 할 수 있는 일에 대한 한도를 정하도록 요청하는 것이 중요하다. (담임목사님과) 필요한 소통을 하지 않으면 내면화된 스트레스가 생길 수 있다.

최근 타주에서 있었던 작곡가 콘서트(연주하는 곡의 작곡가를 초청하는 행사)에 초청되어 입상한 합창단을 지휘할 기회가 생겼고, 그 자리에 나를 초대한 오케스트라 지휘자와 심도 있는 대화를 나눌 수 있었다. 공항에서 차로 90분 거리에 있는 숙소를 향해 가는 동안 우리는 가족을 위해 작곡하는 것부터 시작해서, 교회 일, 또 여러가지 경험들에 이르기까지 다양한 주제에 대해 토론할 수 있었다. 교인들로 하여금 서로 사랑하고 또한 그리스도를 따르도록 영감을 주도록 부름 받은 찬양 사역 안에서도 효과적인 사역을 방해하는 고질적인 문제로 변해버릴 수 있는 도전이나 우려가 드물지 않게 있는 것 같다. 여성 사역자들의 경우, 그리고 그들이 특히 협동해야 하는 일에 있어서, 남성 목회자와 깊이 있는 대화를 나누는 것은 더 어렵다. 예를 들어, 여성 목회자들은 남성 목회자와 단 둘이 점심을 먹으러 갈 수 없고, 남성 목회자처럼 공개적으로 걱정거리를 이야기할 수도 없다. 일부 직원들은 똑 부러지게 이야기하는 소신 있는 여성을 불행히도 도전적이며 "대장 노릇하는 자"로 본다. 공항에서 여행하는 동안 대화를 나누면서 바로 이 주제에 대해 Amazon에서 구할 수 있는 수많은 책에 대해 이야기했다: 목회 안에서의 스트레스, 정서적 영적 학대와 권위로부터 치유하는 방법, 독성이 있는 교회, 깨어진 신뢰, 나쁜 교회 경험 때문에 떠나는 교회 직원들 등의 목록은 끝이 없이 계속된다.

다른 사람을 위한 목회적 돌봄은 특히 여성에게는 더 많은 에너지를 소모하는 일이 될 수 있다. 우리는 자녀나 연로한 부모를 돌보는 일만이 아닌, 일상적인 집안 일도 책임지고 있다. 남성이든 여성이든 음악목회자/디렉터로서 우리 자신과 영혼을 충족시킬 방법을 찾지 못하면, 교회의 목회적 돌봄을 감당해야 하는 목자로서 결코 효과적인 사역을 할 수 없을 것이다. 이로 인한 스트레스, 우울증, 탈진 또는 그 외의 건강 문제가 발생할 수도 있기 때문이다. 때때로 우리는 "죄송합니다 (No)"라는 마법의 단어를 말하는 법을 배워야 한다. 사람들을 기쁘게 하려는 우리의 본성과 사람들에게 요청받는 것이 마치 우리 자신을 높여주는 듯한 생각이 들 수도 있기에, 또 우리가 거절하면 개인적으로 나에게 어떤 나쁜 영향을 미치게 될까 봐 걱정하기 때문에 "죄송합니다"라고 말하는 것이 결코 쉽지 않다. "아주 좋은 기회인데, 제가 이미 다른 제안을 수락해서 아무래도 어렵겠습니다, 죄송합니다."라는 표현이 지혜로운 것일 수 있다. 다른 설명은 필요 없다. 다시 요청이 들어오면 같은 대답을 여러 번 사용할 수도 있을 것이다. 그렇게 하는 것이 우리를 자신을 지키고 행복한 삶을 위한 열쇠이다.

거의 탈진한 상태에 가까워지고 있는 자신을 발견한 어떤 동료와 이야기를 나누면서, 나는 그에게 좀 더 개인적인 시간을 갖도록 권유하면서 자신을 충전하는 일에 집중할 것을 제안하였다. 그의 대답은 그러기에는 할 일이 너무 많다는 것이었다. 사실, 그의 사역 상황을 볼 때, 그는 자신을 돌아볼 시간과 기도에 쓸 시간이 없었다. 하나님은 절대로 우리가 지칠 정도의 일을 주시지 않는다. 사실 우리는 다른 사람들이 우리에게 그렇게 하도록 허용하거나 또 우리 스스로 그렇게 하곤 한다. 자신을 돌아보고 많은 기도를 통해 영과 육이 새롭게 되고 충만하여 사역을 더욱 기쁘게 감당할 수 있어야 할 것이다.

때로는 좋은 책과 좋아하는 음료를 놓고 조용히 앉아 내 영혼을 살찌우고 나의 전인격에 활력을 불어넣는 것이 도움이 될 수 있다. 내가 정말 좋아하는 것을 함으로 하루를 온전히 쉬는 날로 갖는 것은 정말 신나는 일일 것이다. 운동하고 묵상과 스트레칭, 사랑하는 가족과 시간을 보내고, 또는 몸과 마음을 진정시키고 회복시킬 수 있는 그 어떤 것에 시간을 할애하는 것은 다음 주를 위한 재충전에 너무나 필수적인 일인 것이다. 우리는 우리의 마음을 가라앉히고, 하나님의 평강이 우리의 삶을 적시도록 하여 우리가 섬기는 사람들에게 그 평강을 나눌 수 있어야 한다.

"음악은 우리에게 영적 존재의 가장 내밀한 본질, 템포, 에너지를 재생합니다; 우리의 평온함과 조바심, 생기와 낙담, 활력과 나약함, 이 모든 것이 사실 우리 내면 생활의 역동적인 변화의 미세한 음영입니다."
~ 로저 세션 *Roger Sessions (1896-1985)*

10. 추천 성경구절들

우리가 잠시 멈추고 하나님께 감사를 드릴 때 또는 사랑하는 사람, 교인들, 나의 직업 또는 건강 상태, 이 세상 및 기타 여러가지 걱정거리들을 위해 구체적인 기도를 드릴 때 종종 성경말씀을 통한 주님의 확증과 위로가 필요하다. 기도하는 동안 마음에 떠오르는 특정한 구절이 없다면 격려가 되는 이 성경구절 중 하나 또는 그 이상을 찾아 암송하는 것을 고려해 보는 것도 좋을 것이다.

"내가 여호와를 항상 내 앞에 모심이여 그가 나의 오른쪽에 계시므로 내가 흔들리지 아니하리로다. 이러므로 나의 마음이 기쁘고 나의 영도 즐거워하며 내 육체도 안전히 살리니"
(시편 16:8-9)

"소망의 하나님이 모든 기쁨과 평강을 믿음 안에서 너희에게 충만하게 하사 성령의 능력으로 소망이 넘치게 하시기를 원하노라"
(로마서 15:13)

"두려워하지 말라 내가 너와 함께 함이라 놀라지 말라 나는 네 하나님이 됨이라 내가 너를 굳세게 하리라 참으로 너를 도와주리라 참으로 나의 의로운 오른손으로 너를 붙들리라."
(이사야서 41:10)

"아무것도 염려하지 말고 다만 모든 일에 기도와 간구로, 너희 구할 것을 감사함으로 하나님께 아뢰라."
(빌립보서 4:6)

"여호와는 나의 능력과 찬송이시요 또 나의 구원이 되셨도다. 15 의인들의 장막에는 기쁜 소리, 구원의 소리가 있음이여 여호와의 오른손이 권능을 베푸시며 16 여호와의 오른손이 높이 들렸으며 여호와의 오른손이 권능을 베푸시는도다!"
(시편 118:14-16)

"너는 마음을 다하여 여호와를 신뢰하고 네 명철을 의지하지 말라 6 너는 범사에 그를 인정하라 그리하면 네 길을 지도하시리라."
(잠언 3:5-6)

"내게 능력 주시는 자 안에서 내가 모든 것을 할 수 있느니라."
(빌립보서 4:13)

"너의 하나님 여호와가 너의 가운데에 계시니 그는 구원을 베푸실 전능자이시라. 그가 너로 말미암아 기쁨을 이기지 못하시며 너를 잠잠히 사랑하시며 너로 말미암아 즐거이 부르며 기뻐하시리라 하리라."
(스바냐 3:17)

"끝으로 너희가 주 안에서와 그 힘의 능력으로 강건하여지고, 마귀의 간계를 능히 대적하기 위하여 하나님의 전신 갑주를 입으라. 우리의 씨름은 혈과 육을 상대하는 것이 아니요 통치자들과 권세들과 이 어둠의 세상 주관자들과 하늘에 있는 악의 영들을 상대함이라. 그러므로 하나님의 전신 갑주를 취하라 이는 악한 날에 너희가 능히 대적하고 모든 일을 행한 후에 서기 위함이라 14 그런즉 서서 진리로 너희 허리 띠를 띠고 의의 호심경을 붙이고, 평안의 복음이 준비한 것으로 신을 신고, 모든 것 위에 믿음의 방패를 가지고 이로써 능히 악한 자의 모든 불화살을 소멸하고, 구원의 투구와 성령의 검 곧 하나님의 말씀을 가지라. 모든 기도와 간구를 하되 항상 성령 안에서 기도하고 이를 위하여 깨어 구하기를 항상 힘쓰며 여러 성도를 위하여 구하라."
(에베소서 6:10-18)

"우리가 알거니와 하나님을 사랑하는 자 곧 그의 뜻대로 부르심을 입은 자들에게는 모든 것이 합력하여 선을 이루느니라."
(로마서 8:28)

"내 이름으로 일컫는 내 백성이 그들의 악한 길에서 떠나 스스로 낮추고 기도하여 내 얼굴을 찾으면 내가 하늘에서 듣고 그들의 죄를 사하고 그들의 땅을 고칠지라."
(역대하 7:14)

"이는 나 여호와 너의 하나님이 네 오른손을 붙들고 네게 이르기를 두려워하지 말라, 내가 너를 도우리라 할 것임이니라."
(이사야 41:13)

"두려워하지 말라, 내가 너와 함께 함이라; 놀라지 말라, 나는 네 하나님이 됨이라. 내가 너를 굳세게 하리라 참으로 너를 도와주리라; 참으로 나의 의로운 오른손으로 너를 붙들리라."
(이사야 41:10)

"모든 눈물을 그 눈에서 닦아주시니, 다시는 사망이 없고 애통하는 것이나,

곡하는 것이나, 아픈 것이 다시 있지 아니하리니, 처음 것들이 다 지나갔음 이러라."

(요한계시록 21:4)

11. 응답형 교독문

#1

"여호와께 새노래로 찬양하라"
~ 시편 98편

인도자: 새 노래로 여호와께 찬송하라 그는 기이한 일을 행하사 그의 오른손과 거룩한 팔로 자기를 위하여 구원을 베푸셨음이로다.

찬양대 : 여호와께서 그의 구원을 알게 하시며 그의 공의를 뭇 나라의 목전에서 명백히 나타내셨도다.

인도자: 온 땅이여 여호와께 즐거이 소리칠지어다, 음악과 함께 즐거이 노래할지어다.

찬양대 : 수금과 노래와 나팔과 호각소리로 여호와께 찬송할지어다.

다함께 : 우리의 왕이신 주님 앞에서 즐거이 외칠지어다.

인도자: 이것은 주님의 말씀입니다.

다함께 : 하나님께 감사드립니다.

시편 98편은 주님의 의로운 통치를 기쁨으로 축하하라는 부르심입니다. 그것의 시작과 끝은 시편 96편을 반영하며 "새 노래로 여호와께 노래하라; 온 땅이여, 여호와께 노래하라, 그의 이름을 찬양하여라. 그 분의 구원을 날마다 선포하라." 라고 권고하고 있습니다. 이 시편은 구절이 진행됨에 따라 그 부르심을 찬양대 안에 있는 우리에서부터 점점 더 확장시킵니다: 먼저 (1) 성전에서 예배하는 예배자들 (2) 온 땅의 모든 사람들; (3) 주님이 창조하신 모든 것입니다. 처음 세 구절은 자신의 백성을 위한 하나님의 구원 행위와 열방에 향하여 자신을 드러내시는 하나님을 노래로 찬양하라는 부르심입니다. 이런 의미에서 하나님은 자신의 전도자이시며 그의 구원 행위는 그의 공의를 드러냅니다.

우리가 예배찬양 인도자로 섬길 때, 우리의 입과 노래, 그리고 우리의 마음과 얼굴 표정으로 음악으로 하나님의 말씀을 듣고 응답하는 기쁨을 나타내기를 바랍니다. 매주 우리의 찬양을 듣는 이들로 인해 기뻐하고 그들을 격려합시다.

함께 기도할까요?

하나님 아버지, 우리에게 노래할 수 있는 영의 축복과 성도들이 듣고 은혜 받도록 찬양을 부를 수 있는 목소리의 축복을 주신 분이 바로 주님이십니다. 우리의 영혼을 기쁨의 노래로 채워 주소서.
거룩하신 예수님의 이름으로 기도합니다,
아멘.

#2

"걱정 말고 그저 기뻐하세요"

"너희 중에 누가 염려함으로 그 키를 한 자라도 더할 수 있겠느냐?"
~ 마태복음 6:27

아무것도 염려하지 말라고 하시는 성경 구절을 읽는 일은 참으로 쉽습니다. 그런데 우리는 어차피 염려합니다. 과연 그렇지 않는 사람이 있을까요? 어른이 되어서야 부모가 우리의 어린 시절의 철없는 행동과 반항, 그리고 그토록 부모로부터 독립을 갈망했던 십대 사춘기 시절로 인해 어떤 어려움을 겪었을 지 이해할 수 있게 됩니다. 그래서인지 우리는 아이들에게 "나중에 네 자녀가 생기면 너희가 어찌 하는지 한번 보자!" 라는 말을 자주 하는 것 같습니다. 걱정은 부모가 하는 일입니다. 하나님은 우리가 염려하는 일을 그만두고 모든 일에 그 분을 신뢰하는 믿음을 갖기를 원하십니다.

제 딸이 고등학교 2학년 때부터 저와 함께 좋아했던 곡은 영화 "시스터 액트(Sister Act)"에서 다시 나왔던 "참새도 지키시는 하나님(His Eye is On the Sparrow)"이란 노래입니다. 가사는 우리에게 낙심하거나 마음에 조바심을 갖지 말라고 일깨워줍니다. 왜냐하면 그분의 눈이 한 마리 참새조차도 지켜보고 있다면 당연히 우리도 그러하실 것을 알기 때문입니다. 찰스 가브리엘이 쓴 가사를 함께 읽고 후렴구를 같이 불러봅시다.

인도자: 내가 왜 이리 낙심되고, 왜 내 인생에 그림자가 다가오나요? 왜 내 마음은 이리 외롭고 천국과 본향만이 그리워질까요?

찬양대: 예수님이 나의 기업이시며 그분은 나의 변치 않는 친구입니다. 참새도 지켜보시는 주님의 눈이시기에 그가 나를 지켜보고 있다는 것을 압니다.

다함께: 나는 행복하기 때문에 노래하고, 자유하기 때문에 노래합니다. 참새도 지키시는 하나님의 눈이 나를 지켜보신다는 것을 알기 때문입니다.

함께 기도하십시다.

주 하나님, 우리는 주님께서 우리의 헌신과 집중을 원하시며 무엇보다도, 우리가 주님을 신뢰하기를 원하시고 우리의 모든 의심과 두려움들을 주님께 맡기라고 우리에게 도전하고 계심을 압니다. 우리는 주님께서 이 작은 참새를 지켜보듯이 우리를 돌보고 계시다는 것을 알기에 그것이 너무나 감사합니다. 우리가 항상 주님만 바라볼 수 있도록 도와주세요.

예수님 이름으로 기도합니다.
아멘.

#3
"주님의 성만찬"(예배용)

인도자: 우리가 지금 주님의 성만찬에 참여할 때, 회개와 겸손한 마음으로 임합니다.

회중: 사랑의 하나님, 우리가 기도할 때 자비를 베푸소서.

인도자: 우리 자신, 우리의 행동과 동기, 우리가 만나는 다른 사람들에 대한 우리의 태도를 돌아봅시다.

회중: 거룩하신 하나님, 우리가 부족한 부분에 대해 용서를 구합니다. 자비를 베푸소서.

인도자: 우리가 먼저 하나님께 선한 청지기가 되고 그리고 우리에게 맡겨 주신 선한 청지기의 사명들을 기억나게 하시어 이웃과 가족을 사랑하는 자들이 되게 하소서.

회중: 살아 계신 하나님, 우리의 삶에는 당신의 은혜와 자비와 힘이 간절히 필요합니다.

인도자: 주님의 몸으로 예표가 되는 진리와 생명의 떡을 우리가 먹을 때 주님께서 우리로 진정 알기를 원하시는 친밀한 관계를 깨닫게 하옵소서.

회중: 하나님 아버지, 무엇보다 당신을 진정으로 사랑하지 못하게 하는 우

리의 모든 거짓 우상을 물리치도록 도와 주소서.

인도자: 우리는 우리를 위하여 흘리신 그리스도의 피를 상징하는 이 잔을 마시면서 우리 마음에 새겨진 "서로 사랑하라"는 계명에 감사를 드립니다. 우리도 우리의 이름이 하늘에 기록된 것을 기뻐할 수 있습니다.

회중: 우리를 향한 당신의 끝없는 사랑으로 우리의 섬김을 회복하게 하옵소서.

인도자: 떡과 잔을 먹음으로 우리의 삶이 새롭게 되고 우리의 환경과 연약함을 변화시킬 수 있기를 바랍니다.

회중: 아버지, 당신의 펴신 손으로 우리를 만져 주시고 우리의 삶이 새로워지도록 재충전하여 주옵소서.

다함께: 거룩하신 하나님, 당신 아들의 죽음과 부활을 통해 우리를 당신의 것으로 만드신 주님께 영광을 돌립니다. 우리 안에 거하시고 성령의 능력으로 우리에게 영원히 임하소서. 아멘.

#4
대강절(예배용)

목회자 또는 낭독자: 말라기 3:1-4에서 우리는 다음과 같은 말씀을 읽습니다: "만군의 여호와가 이르노라, 보라 내가 내 사자를 보내리니 그가 내 앞에서 길을 준비할 것이요. 또 너희가 구하는바 주가 갑자기 그의 성전에 임하시리니; 곧 너희가 사모하는 바 언약의 사자가 임하실 것이라. 2 그가 임하시는 날을 누가 능히 당하며 그가 나타나는 때에 누가 능히 서리요, 그는 금을 연단하는 자의 불과 표백하는 자의 잿물과 같을 것이라. 3 그가 은을 연단하여 깨끗하게 하는 자 같이 앉아서 레위 자손을 깨끗하게 하되 금, 은 같이 그들을 연단하리니, 그들이 공의로운 제물을 나 여호와께 바칠 것이라. 4 그 때에 유다와 예루살렘의 봉헌물이 옛날과 고대와 같이 나 여호와께 기쁨이 되려니와"

인도자: 복된 소식이라! 우리가 기다리던 주님이 오십니다! 그분의 오심을 어떻게 준비해야 할까요? 우리는 준비됐나요?

회중: 우리는 주님의 강림 소식에 일어서서 기뻐합니다. 우리는 이 거룩한 기간 동안 열리는 축제를 온 마음으로 축하하기를 소원합니다.

인도자: 주님이 오십니다! 정결한 금과 은처럼 그분은 거룩하게 오십니다. 주님은 의와 은혜로 오십니다. 거룩하신 하나님 앞에 우리가 어떻게 설 수 있겠습니까? 우리는 준비되어 있습니까?

회중: 보배로우신 주님, 우리는 주님의 강림을 간절히 기다리고 있지만 아직 준비가 되어있지 않습니다. 우리는 주님이 은혜와 사랑의 본체이심을 알

고 있지만 우리는 주님과 같은 사랑을 항상 드리지 못하고 있습니다. 우리는 정말 준비되어 있습니까?

인도자: 주의 길을 예비하라! 백성의 길에서 모든 걸림돌을 제거하라. 회개하고 심령이 겸손한 자에게 주님이 오셔서 거하시리라. 그가 오셔서 죄에서 돌이키는 자의 영을 소성케 하시며 통회하는 자의 마음을 회복하시리로다!

회중: 주님께서 오십니다! 주님, 당신의 강림을 준비하는 우리를 준비시키소서. 우리의 마음과 정신을 깨끗이 씻겨 주옵소서. 우리 삶의 무질서와 어수선함을 거두워 주옵소서. 우리의 교만과 의심을 관통하는 길을 만들어 주옵소서. 가장 깊은 겸손으로 당신을 영접할 수 있도록 저희 마음의 완고함을 제거하여 주소서.

인도자: 주의 길을 예비하라! 사막을 곧게 하여 우리 하나님의 대로를 삼으라, 모든 골짜기는 높아지고 모든 산과 언덕은 낮아질 것이라. 거친 땅이 평탄하게 되고 험준한 곳이 평지가 될 것이다. 그리고 주의 영광이 나타나리니, 모든 사람이 그것을 함께 보리라.

회중: 오 주님, 우리의 가장 깊은 곳에서 하는 회개의 기도를 들어 주소서. 우리가 진정으로 준비되기 전에 축하하기만 원하는 것을 용서 하소서. 주님의 사랑으로 우리의 마음을 새롭게 하소서. 우리가 거룩함으로 당신을 섬기고 당신의 강림을 기다릴 때 당신의 힘으로 우리를 인도 하소서.

다함께: 거룩하신 하나님, 오셔서 우리와 함께 하소서. 우리는 우리의 삶을 변화시키시고 깨끗케 하실 당신의 임재를 맞이할 준비가 되어 있습니다.

12. 추천 음악 자료들

"A Christmas Tapestry" ***

SATB: 00-23727   SAB: 00-23728   2-Part/SSA: 00-23729

"A Jubilant Thanksgiving"

SATB with optional orchestration, organ or solo trumpet: 00-19945

"A Joyous Canticle"

SATB with optional trumpet: 00-48606

"A New Psalm"

SATB with optional orchestration: 00-19116

"A Proclamation for Advent"

SATB with optional solo trumpet: JMG1166

"Born on Christmas Day"

SATB with optional flute: 00-20011

"Brazilian Carol"

SATB with optional claves, congas, maracas, and string bass: 00-9261237

"Christ Child Noel" with "In Christ Alone"

SATB with optional flute, children's choir: 00-058233

"Come, Praise the Lord"

SATB with optional orchestra or solo trumpet:

00-19927 SAB or 2-Part Mixed: 00-19928

"Communion of Grace"

SATB with optional 2 C-instruments: 00-46216

"Draw Me Near the Cross" ***

SATB: 00-19921   SAB or 2-part Mixed: 00-19922

"Every Valley" ***

SATB with optional flute: 00-18379   SAB: 00-18380

"Festival Gloria"

SATB with orchestration: 00-20984

"Festival Jubilate" ***

SATB: 00-21549

SAB with optional brass and percussion or solo trumpet: 00-44240

"Festival Resurrection" ***

SATB with optional brass and percussion: 00-26436   SAB: 00-26437

"For Unto Us a Child is Born" ***

SATB: 00-19066   SAB: 00-19067

"Gonna Sit Down and Rest Awhile"

SATB: 00-877278

"Gospel Magnificat"

SATB with Female Solo: 00-9160233

"Grace Lifted Me" ***

SATB: 00-26341   SAB: 00-26342

"Here in the Manger"

SATB: 00-BSCM05043

"He Suffered for You" ***

SATB: 00-29339   SAB: 00-29340

"Holy Ground"

SATB: 00-42505

"I Believe This is Jesus (I Believe He is Risen)"

SATB with two texts, one for general worship and one for Easter: 00-9104237

"In a Borrowed Tomb"

SATB and optional cello: 00-BSCM05039

"I'll Give You Peace"

SATB with optional flute, percussion and bass: 00-47236

"Let Hosannas Ring!"

SATB with optional Children's voices: 00-9210235

"Let Loud Hosannas Ring!" ***

SATB with optional trumpet: 00-23653   SAB: 00-23654

"Love Unknown" ***

SATB: 00-23665   SAB: 00-23666

"Noel Sing Glad Noel!" ***

2-part treble or mixed: 00-BSCM05033

"Noel Fanfare"

SATB with optional brass and percussion or solo trumpet: 00-44613

"O Come, Let Us Adore Him" ***

SATB: 00-24286

SAB with optional brass and percussion or solo trumpet: 00-24287

"One Day"

SATB: 00-21521

추천 음악 자료들 | 75

"Praise, My Soul, the King of Heaven"

SATB with opt. 2-C instruments: 00-18014   SAB: 00-18015

"A Proclamation for Advent" ***

SAB with opt. trumpet: JMG1166

"Rejoice, He Is Alive!" ***

SATB with opt. congregation, brass and tympani or solo trumpet: 00-21545   SAB: 00-21546

"Ride On, King Jesus!" ***

SATB: 00-22835   SAB: 00-22836

"Rose of Sharon"

SATB: 00-25534

"So Glad Medley" ***

SATB: 00-23732 2-pt any combination: 00-23733

"Softly and Tenderly" ***

SATB: 00-20972   SAB or 2-part mixed: 00-20973

"Soldiers Wore a Crown of Thorns" ***

SATB: 00-26359   SAB: 00-26360

"Swingin' With the Animals" ***

Unison or 2-Part: 00-21523

"The Lord is My Shepherd"

SATB: 00-32264

"The Power of the Cross"

SATB: 00-42522

"This One Star" ***

2-Part: 00-BSCM05017

"Those Who Love Him" ***

Unison/Opt. 2-part: 00-BSCM05040

"Tidings of Great Joy" (A Christmas Carol Medley) ***

SATB with optional orchestration: 00-26334   SAB: 00-26335

"Upon This Altar"

SATB with optional cello: 00-48602

Vocal/Piano book: "Songs of Healing and Hope"

Medium Voice: 00-42532

Piano book: "Joyful Noel Tidings"

JMG1035

글쓴이 소개

패티 드레넌(Patti Drennan)은 오클라호마 주립 대학교에서 음악교육학 학사와 석사 학위를 받았다. 그녀는 놀만(Norman)의 공립학교에서 28년 동안 합창 음악을 가르쳤는데 처음 20년은 그녀가 "올해의 교사"로 선정된 웨스트 미드 고등학교에서, 그리고 나머지 8년은 놀만 고등학교에서 가르쳤다. 2004년에 그녀는 오클라호마 합창 지휘자 협회에서 매년 수여하는 "특출한 음악 감독상(Director of Distinction)"을 수상했고, 또한 2021년 "협동 침례교 친목 수상자(Cooperative Baptist Fellowship Honoree)"란 상을 수상했으며 2022년에는 그린우드 음대에서 오클라호마 주립 대학교 예술과학 대학 "우수 동문상"을 수상하였다.

활동적인 작곡가이자 편곡가인 패티는 13개의 주요 출판사에서 출판된 750종 이상의 합창 악보, 피아노와 피아노/성악 책을 모두 포함해 200만 부 이상의 판매고를 기록하였다. 그녀는 미국 22개 주에서 학교 및 교회 워크숍 주강사로 활동했으며, 캐나다에서 3차례, 텍사스 음악 교육자 대회에서 4차례의 강의를 발표한 바 있다. 그녀는 "작곡가와 함께 주말을(Composer Weekends)"이란 포럼에서 여러 차례 객원지휘자로 초빙되었으며, 또한 오클라호마, 아칸소, 캔자스에서 열린 학교 합창 대회의 심사위원으로 섬기기도 하였다.

패티는 작곡 활동과 클리니션 및 워크숍 발표자로서의 역할에 좀 더 충실하기 위해 2004년에 교직에서 은퇴하였으며, 그 이후 거의 10년 동안 놀만(Norman)에 있는 제일 침례 교회(First Baptist Church)에서 음악/예배 예술 감독(Music and Worship Arts Director)으로 섬겼다. 그녀는 현재 놀만(Norman)에 있는 노스 헤이븐 침례 교회(NorthHaven Baptist Church)의 음악감독(Music Director)으로 재직중이다. 그녀와 고인이 된 남편에게는 슬하에 장성한 두 자녀와 사위, 사랑스러운 손자 두 명을 두고 있다. 패티는 피아노 교육 스튜디오를 운영하고 있으며 출판인을 위한 작문 및 악보 리딩 세션을 즐긴다. 앰배서더스 콘서트 합창단에서 조감독으로 5년간 노래를 불렀고 2018년에는 '마에스트로상'을 수상했다.

그녀는 딸, 사위와 함께 수많은 교향곡 공연에서 연주와 녹음을 하며 시간을 보내는 것을 좋아하며 두 장의 CD를 발매하였다; 딸 에밀리 드레넌 로페즈(Emily Drennan Lopez)와 함께 녹음한 "모녀의 크리스마스(A Mother/Daughter Christmas)"와 "폭풍이 칠 때의 피난처(Shelter in the Times of Storm)"는 아이튠즈와 아마존 및 그녀의 웹사이트 www.pattidrennan.com 에서 구입할 수 있다.

옮긴이 소개

조성환 박사는 선명회 어린이 합창단 출신으로 서울대 성악과 졸업 후에 미국으로 유학을 가서 UCLA 음대 대학원 성악과를 졸업하고 USC 음대 연주한 박사학위를 취득했다. 미국 남가주에서 35년 동안 성악가로 오페라 Cosi fan tutte, Signor Deluso, Merry Wives of Windsor, Magic Flute, 그리고 Four Saints in Three Acts 등의 주연으로 출연했으며 Los Angeles, Seattle, Hawaii, Atlanta 등지에서 수차례에 걸친 헨델의 Messiah, 하이든의 Creation, 베토벤의 Christ on the Mt. Olive, 합창 교향곡 No. 9, 모차르트의 Coronation Mass, Vesperae Solennes de Confessore 와 Requiem 독창자로 초청되었다. 특히 UCLA 음대 합창과 교수였던 Donald Neuen 교수와 모차르트의 오페라 마적, 그가 지휘하던 Angeles Chorale의 하이든의 천지창조(Creation) 독창자로 초빙되어 연주했으며 LA Philharmonic의 이웃 초청 공연 때 독창자로 초청되었다.

박사 학위 후에 1928년에 설립된 기독교 사립 대학(Hope International University)의 교회음악과 교수와 학과장으로 25년간을 봉직하면서 남가주 사랑의 교회 뮤직디렉터(2000-2020)와 남가주 장로성가단 상임지휘자(2015-2020), 새끼나 체임버 앙상블의 상임 지휘자(1995-2020)로 섬기던 중에 2020년 12월에 사랑의 교회 뮤직디렉터로 그리고 사랑 글로벌 아카데미(SaGA)의 예배 아카데미의 학장으로 초빙을 받아 귀국해 현재까지 봉직하고 있다.

| 판 권 |
| 소 유 |

재건하라 그리고 갱신하라

| 발 행 일 | 2023년 7월 31일 |

지 은 이	패티 드레넌
옮 긴 이	조성환
펴 낸 이	안성복
디자인 편집	황인영
펴 낸 곳	도서출판 ㈜중앙아트 제이엔에이뮤직
주 소	경기도 파주시 문발로 475
전 화	1661-0504
F A X	070-8270-0150
홈 페 이 지	www.joongangart.kr
이 메 일	cs@joongangart.com

| I S B N | 978-89-6057-898-2 |

| 값 | 13,000원 |

● 잘못된 책은 교환해 드립니다.

● ㈜중앙아트 제이엔에이뮤직의 허락 없이 본 책의 복사, 전체 또는 일부라도 편집 자료로 사용하는 것은 저작권법의 저촉을 받습니다.